AF493989

LA MORT ET LES DERNIERES PAROLES DE SENEQVE.

A PARIS,
Chez IEAN CAMVSAT, ruë S. Iacques, à la Toison d'or.

M. DC. XXXVII.
AVEC PRIVILEGE DV ROY.

A MONSEIGNEVR L'EMINENTISSIME CARDINAL DVC DE RICHELIEV.

ONSEIGNEVR,

I'offre les dernieres paroles de l'vn des plus grands hommes de l'Antiquité, à celuy qu'elle ne nous represente qu'imparfaictemét par ses plus rares exemples, & la plus belle mort que les ſiecles paſſez nous propoſent, à cette belle vie, qui eſt la gloire & l'ornement du noſtre. Seneque, qui ne ſe laiſſa iamais tenter aux charmes de la cour Romaine, trouue des douceurs dans la voſtre que la Philoſophie luy permet de gouſter ; Il s'en approche maintenant pour faire ſon chef-d'œuure en voſtre preſence, & puis que la Vertu vous a mis en main le partage de la gloire, Vous ſerez, MONSEIGNEVR, le teſmoin & l'arbitre de la ſienne : Ce funeſte ſujet ne troublera point la joye publique, & parmy celle des Triomphes auſquels vous auez tant de part, ie ne penſe pas qu'vn Eſpagnol qui ſe meurt ſoit vn objet deſagreable : C'eſt ce grand homme qui m'a luy-meſme inſpiré l'adreſſe que i'oſe faire à voſtre EMINENCE, de ce diſcours, lors qu'il dit, Que le combat d'vn grand cœur contre la mauuaise fortune, est vn spectacle digne de diuertir vn Dieu, & qui doit luy faire quitter ses ouurages pour regarder sur la terre; Regardez donc le sien, MONSEIGNEVR, qui merite vostre attention, puis que vous estes l'vn de nos Dieux tutelaires, & laissez tant soit peu ces hautes occupations, où vous deliberez de l'accroissement & de la cheute des Empires, pour voir mourir celuy qui a pris autrefois les mesmes soins auec si peu de succez.

Spectaculum ad quod diuertat intẽtus operi suo Deus, Ecce Par Deo dignum, vir fortis cum mala fortuna compositus. Senec. lib. de prouid. c. 2.

Ie luy ay choisi le spectateur qu'il a demandé, puis que vostre grand Genie, qui affermit le repos de l'estat, qui veille pour l'asseurer, & qui fait regner la Iustice, est comme Dieu la cause vniuerselle du bien, & merite par ressemblance vn nom qui luy appartient par nature. Ce discours,

MONSEIGNEVR, ne doit pas choquer vostre modestie ; vous ne pouuez refuser vn nom que les diuins oracles donnent à tous les fideles, & sans blasmer l'ouurier qui a graué son image sur vostre ame, l'on ne sçauroit s'offenser si ie dy qu'elle luy ressemble : En effet, qui a iamais veu vostre visage sans estre saisi de ces douces craintes qui faisoient fremir les Prophetes, lors que Dieu leur cõmuniquoit quelque visible rayon de sa gloire, & dont l'ame surprise de l'esclat qui vous enuironne, n'ayt douté d'abord de vous auoir trop curieusement regardé ? Mais comme celuy qu'ils n'osoient approcher dans les buissons ardents, & dans le bruit des tonnerres, venoit quelquefois à eux sous la fraischeur d'vn Zephire; Aussi la douceur de vostre auguste visage dissipe en mesme temps, &

Ego dixi Dij estis. Psal. 81.

change en rosée ces petites vapeurs qui en couurent la majesté; l'vne permet ce que l'autre semble defendre, & iamais homme n'a eu l'honneur de vous offrir ses prieres auecque crainte, qui n'en ait rapporté de la joye par l'effet, ou par l'esperance.

Autrefois la flatterie osa souhaitter aux Romains des Dieux semblables à leur Prince, & le Senat applaudit à cette parole, sur l'impieté de laquelle on ne sçauroit encherir: Mais, MONSEIGNEVR, parlant en Chrestien, & sans honorer la terre aux despens du Ciel, ne doit-on pas dire que vostre glorieuse vie suit & adore son exemple, & qu'elle en imite les perfections, pour luy rendre plus agreables les hommages qu'elle luy offre. Les esprits plus esclairez auoüent que Dieu vous a departy quelques rayons de cette clarté inaccessible où il a choisi sa demeure: que vous estes reuestu d'vne lumiere qui n'est pas moins le bien de ceux qui vous regardent que le vostre, & que cette deliée prudence ne dissipe pas seulement les nuages qui couurent toutes les veritez naturelles & morales, mais penetre encore dans les profonds secrets des desseins & des pensées humaines qui ne sont ouuerts qu'à celuy qui tient la clef des abysmes. Cette connoissance n'est pas en vous oysiue ou infertile, & par les merueilles qu'elle nous fait voir, imite (autant que l'humaine condition le peut permettre) les productions eternelles que la Sagesse & l'Amour font dans le sein de la Diuinité; mais elle a beaucoup plus de rapport auec les effects que la Prouidence opere au dehors en la conduitte de l'vniuers: Vous auez comme elle, Mon-

SEIGNEVR, des voyes inconnuës, & des moyens cachez à la sagesse humaine, qui trompent la preuoyance des plus auisez, ou surpassent du moins leurs pensées & leurs esperances; Et si nous venons de voir que les conquestes des estrangers, n'ont esté par vos sages conseils que des beaux songes à nos ennemis, & vne nouuelle matiere de Triomphes à vostre Maistre, c'est qu'en le seruant vous suiuez les diuines adresses qui tirent le bien du mal, & qui profitent du dommage.

Ce grand Dieu qui employera s'il veut des lyons à cultiuer la terre, comme il s'est serui des moucherons à la desoler, tire aysément de ses creatures, des effets qui surpassent, ou qui sont contraires à leur nature: Et c'est aussi vne merueille ordinaire en vostre conduite de faire reüssir les des-

ſeins par des moyens qui ſemblent
contraires à leur fin, & deſquels l'apparence ne nous feroit eſperer que
des mauuais ſuccés, ſi vous ne nous
auiez apris à ſuſpendre nos iugemens
dans toutes vos entrepriſes. Ie ne
parle pas de ces ouurages merueil-
leux qui ont dompté la rebellion, &
braué la Nature, auſquels l'vne oppo-
ſa ſes flottes auſſi vainement que l'autre ſes marees; Ie ne m'eſtonne pas
non plus de voir naiſtre les Lauriers
parmy la glace, & que des Alpes qui
refuſent leur ſejour aux hommes
vous en ayés fait le champ de victoire pour nos armées. Mais MON-
SEIGNEVR, d'en aſſeurer le paſſa-
ge en l'abandonnant; de rendre au-
Pignerol. iourd'huy vne ville importante, pour
la r'auoir demain auec plus de ſeureté, & pour la reprendre par vn traitté,
plus glorieuſement que par la force;

c'est en apparence jetter son bien dans la mer, pour l'aller recueillir sur le riuage, & faire voir neantmoins par effet, que les Herôs dans leurs pensées, comme dans leurs actions, dans leur Politique, aussi bien que dans leur Morale, surpassent tousjours la nature. Ces nations qui ont si souuent quitté leurs froides contrées, pour venir saccager toute l'Europe, & qui en ont empesché la desolation, desslors que vous eustes procuré leur alliance a cét Estat; ne font-elles pas voir que les causes quittent leurs inclinations naturelles, pour suiure vos mouuements, lors que vous les faittes agir? Vous aués employé à combattre l'injustice, ceux qu'on ne croyoit capables que de la faire; à soustenir le droit, ceux qui ne l'auoient iamais connu que pour le violer; & leur Prince, dont les predecesseurs auoient opprimé la liberté des peuples plus esloignés, apres que vous l'eustes aquis à la France, a genereusement combattu & perdu la vie pour celle de ses voisins: De quelques raports neantmoins dont Dieu embellisse en vous son image, il n'en est aucun qui vous soit plus cher, & plus glorieux, que l'auantage qu'il vous a donné de partager auec luy le cœur du plus grand Roy de la terre, & d'inspirer par vos conseils, celuy qu'il reigle par ses commandemens.

I'arreste, MONSEIGNEVR, & l'Echo qui ne respond pas à la voix du tonnerre, m'apprend que ce que les Dieux font ne sçauroit estre exprimé par les hommes, ma plume auoit pris vn essor qui meritoit vn naufrage, & sans considerer ny mon sujet, ny mes forces, i'auois porté la main sur cette riche matiere qui fait trembler celle des meilleurs ouuriers. Le ſilence & l'eſtonnement ſont pour vn ſujet ſi releué les meilleures reigles de l'Eloquence, & ceux qui croyent y pouuoir reüſſir, quelque grand que ſoit leur Genie, reſſemblent aux voyageurs alterés qui ſe perſuadent quelquefois de ne treuuer pas aſſez d'eau dans les riuieres pour eſteindre l'extreſme ſoif qui les trauaille ; & qui voyent apres auoir beu tout leur ſaoul, qu'ils n'ont pas meſmes diminué le cours ou l'abondance des eaux qu'ils croyoient eſpuiſer. Nous n'auons plus de paroles pour vos actions, nos forces defaillent à meſure que vos merueilles croiſſent, & comme l'on a dict autrefois d'vn vaillant homme qu'il ne pouuoit plus receuoir de bleſſures que ſur les cicatrices de celles qu'il auoit desjà receües, vous ne ſçauriés estre loüé que par des redittes, puis que la verité qui a des bornes, a dict pour vous tout ce que le mensonge qui n'en connoit point, à inuenté pour les autres.

Ce n'est pas donques sans raison que Seneque desire de mourir en vostre presence, & d'auoir pour spectateur de ses derniers efforts, celuy de qui la seule voix vaut mieux que les aclamations publiques, & dont l'estime donne aux meilleures actions leur prix & leur recompense. Vous le receurés fauorablement, MONSEIGNEVR, puis qu'il abandonne pour vous suiure les interests de sa Nation, aux Ambitieux desseins de laquelle vous opposes tant d'adresse & de generosité; Son nom le rend digne des accueils que le mien ne merite pas, & s'il attire vos regards, ce sera plustost par l'esclat de sa vertu que par les ornemens de ma plume. Ie connoy pourtant qu'il ne mourroit pas satisfait, s'il n'auoit auparauant deschargé son esprit d'vne pensée, & auoüé, MONSEIGNEVR, qu'il voit sans jalousie les grands auantages qu'a vostre vertu sur la sienne, excepté celuy que vous possedés dans la rencontre d'vn Prince qui n'est pas moins digne de vos seruices, que vous l'estes de ses affections. Seneque meritoit sans doute vn meilleur siecle que celuy de Neron, mais vous n'en pouuiés rencontrer vn meilleur que celuy de LOVIS LE IVSTE, & le Ciel qui luy fut contraire en celà, vous a esté fauorable. Il eut ce desplaisir d'auoir esleué vn Monstre qui viola toutes les Loix & qui deshonnora la Nature, & vous, la satisfaction de seruir vn Monarque qui est le Miracle de nos jours, & de qui les fruicts surpassent les esperances: Ses soins rencontrerent vn naturel qui ne se portoit au bien que par contrainte, & qui alloit au mal par inclination, au lieu que vous estes raui de trauailler pour vn Prince à qui rien ne plaist que ce qui est permis, & dont l'ame a des mouuements si reiglés & si genereux, qu'elle ne voit jamais le bien sans le suiure, quelque interest qui s'oppose à ses resolutions, & quelques difficultés qui les puissent combattre.

Pardonnés moy, MONSEIGNEVR, si parlant de vous comme de l'vn de nos Dieux visibles j'ay employé des traits si esloignés de mon dessein, veu que nos plus religieux deuoirs representent l'inuisible sous la figure d'vn homme, & que le Tres-haut qui nous a donné son image se ge se contente de la nostre. La raison qui ne reçoit rien que par les sens, ne sçauroit aussi rien produire qui n'ayt la teinture de leur foiblesse : celle qui a pris son origine dans le Ciel, prend ses idées sur la terre, qui ne luy en fournit point de plus belles que celles que vous luy donnes, si bien que ce n'est pas merueille qu'elle ne puisse peindre celuy qui luy sert d'original, & de qui elle emprunte les idées pour representer les autres.

Mais, MONSEIGNEVR, ie suis comptable au public de ce precieux loisir dont i'abuse par vn discours qui n'a rien de bon que sa matiere, & ie voy bien que vous desirés d'auantage mes dernieres paroles, que celles de Seneque : Aussi n'ay-ie rien de meilleur à dire, ou à vous offrir que les tres-humbles deuoirs de ma seruitude & les vœux continuels que ie

é

fais pour la prosperité de la France alors que ie souhaite la vostre. Ie suis bien honteux neantmoins qu'apres auoir osé parler des merueilles de vostre vie auec tant de foiblesse, & d'imperfection, il faille que ie parle de moy si auantageusement que de me dire,

MONSEIGNEVR,

Tres-humble, & tres-obeyssant seruiteur de vostre EMINENCE,

MASCARON.

PREFACE

CONTENANT L'ABREGÉ DE LA VIE DE SENEQVE,

Et quelques auis necessaires au Lecteur.

IE ne pretends pas (LECTEVR *) d'aprendre aux ſçauants la vie de Seneque, qui ne doit pas eſtre ignorée de ceux qui ont tant ſoit peu de teinture des bonnes lettres; Mais dautant que cét ouurage peut tomber en toute ſorte de mains, il s'en rencontrera peut-eſtre quelques-vns qui ſeront bien aiſes d'aprendre* icy par quelle vie il s'est preparé à vne mort si glorieuse.

Seneque naquit à Cordouë ville d'Espagne pour lors Colonie Romaine, son pere se nommoit Lucius Anneus Seneca comme luy, & cette conformité de nom a abusé quantité d'autheurs qui ont attribué au fils les declamations que le pere a ramassées, & Xicus Polento dans la vie de nostre Seneque s'y est mesconté si auant, qu'il le fait mourir à l'aage de cent & douze ans, ce qu'il appuye sur la Preface des declamatiõs, où le vieux Seneque dict qu'il a peu ouyr la voix & l'eloquence de Ciceron. Il estoit de l'ordre des Cheualiers, mais il auoüe chez Tacite, que cette dignité n'estoit pas beaucoup ancienne dans sa race; sa mere se nommoit Elbia, Espagnole de naissance aussi bien que son mary, qu'elle suiuit à Rome enuiron la quarante-cinquiesme annee de l'Empire d'Auguste: il mourut sur la fin de celuy de Tybere, & laissa *trois enfants, dont l'aiſné fut Marcus Anneus Nouatus, appellé depuis Iunius Anneus Gallio par adoption : il fut Senateur Romain, & fort eloquent, & c'eſt à luy que ſont adreſſez les traittez des remedes contre les choſes fortuites, & de la vie heureuſe. Le deuxieſme fils fut noſtre Seneque, & le troiſieſme Lucius Anneus Mela pere du Poëte Lucain, duquel bien que Lipſe diſe n'auoir appris choſe aucune, il ſemble pourtant que ſes charges, ſes grandes richeſſes, & ſa genereuſe mort qui ſuiuit de bien prez celle de ſon frere & de ſon fils, meritent bien qu'on en face quelque mention, auſſi bien que Tacite au quinzieſme liure de ſes Annales. Mais Seneque fut inſtruit à Rome en l'eloquence par ſon pere, qui n'y eſtoit pas mauuais maiſtre, & en la Philoſophie, par Attalus, Sotion, Fabien, & par Demetrius le cinique, duquel il ayma particulierement l'eſprit & la conuerſation, & qu'il auoit touſiours* quant & soy durant ses dernieres retraittes, ce qui pourroit faire dire auec quelque raison qu'il estoit l'vn de ceux qui assisterent à sa mort : Il fut forcé par ses amis de relacher de la Philosophie pour s'adonner au barreau, où il reüssit auec tant de reputation, qu'elle faillit de luy couster la vie par la brutale vanité de Caligula qui se piquoit d'eloquence, & qui deslors eust enuié cette cruauté à Neron son nepueu, s'il n'en eust esté destourné par vne courtisanne, luy disant qu'il ne deuoit pas se mettre en peine de faire mourir vn homme qui n'auoit plus que quelques iours à viure : ce qu'elle se persuadoit, d'autant que Seneque estoit si défait & si maigre, qu'il passoit pour Phtisique formé. Il fut esleu Questeur, sans qu'on puisse sçauoir precisement en quel temps il exerça cette charge, qu'il obtint par les soins de sa Tãte maternelle veufue de Verrasius Pollio ; il est certain neantmoins que ce fut auant son exil que Mesſaline & Suillius luy procurerent ſoubs de fauſſes accuſations. Dés le commencement de l'Empire de Claudius, la Corſegue eut l'hõneur de receuoir Seneque, que Rome auoit chaſſé: il y veſquit fort content, ainſi qu'on le peut voir dans les conſolations qu'il enuoya à ſa mere & à Polibe: s'eſtant adonné à la Poëſie il y compoſa la Medée, qui de toutes les Tragedies que quelques vns luy attribuent, & qu'on a publiées ſoubs ſon nom pour leur donner plus de vogue, peut paſſer pour ſienne au iugement des ſçauans, & Lipſe croit qu'il ne print le ſujet de Iaſon que pour faire alluſion au voyage que l'Empereur Claudius fit pour lors en Angleterre auec ſuccez. Dés que Meſſaline fut morte, & qu'Agrippine luy eut ſuccedé, Seneque ne fut pas ſeulement rappellé de ſon banniſſemẽt, mais reçeut encore l'honneur de la Preture Romaine: l'on aſſeure auſſi qu'il fut Conſul auec Trebellius Maximus, & que durant leur année fut fait le Senatus Consulte Trebellien : mais cela n'a de fondement que sur les rubriques du Code & du Digeste. Son grand employ fut à esleuer la ieunesse de Domitius, qu'on n'appella Neron qu'apres que Claudius l'eut adopté; les soins qu'il print apres luy eurent le succez que personne n'ignore : auant qu'il eust l'Empire il le rendit digne de l'obtenir, & le fit preferer auec vn peu d'iniustice à Britannicus qui estoit fils & successeur naturel & legitime : le succez luy descouurit sa faute, & luy fit cognoistre que comme les vertus ne se choquent pas, il est malaisé d'estre iniuste & prudent tout ensemble. Les cinq premieres années de sa domination peuuent seruir de modelle aux meilleurs Princes, & Trajan qui s'y entendoit, a cõfessé autrefois qu'on ne sçauroit les esguler, c'est à dire que le bon-heur de Rome & de toute la terre dura tout autant que la creance de Seneque prez du Prince.

Mais aussi-tost que Poppee & Tigillin luy en eurent osté la meilleure partie, le mauuais naturel de Neron qu'on auoit redressé à force de preceptes & de soins, s'abandonna dans toutes les saletés imaginables; cette garce rusée à qui il ne manquoit rien que l'honnesteté pour auoir tous les dons du corps & de l'esprit, le piquoit d'honneur, & pour se defaire de tous ceux qui luy faisoient obstacle à le gouuerner paisiblement, l'appeloit Pupille tant qu'Agrippine fut en vie, & Escolier tant que Seneque fut prés de luy; si bien qu'elle ne le laissa point en repos iusques à ce qu'il eust fait mourir sa mere, & esloigné Seneque, qui demeura trois ans hors de la cour & des affaires dont il se sentoit extremement importuné, & composa pour lors les traittés des questions naturelles, & les lettres à Lucilius qui sont ses derniers & ses plus beaux ouurages: Mais Neron qui s'en vouloit defaire à quelque prix que ce fust, apres auoir employé Cleonicus son affranchi, à luy donner du poison qu'il euita par son abstinence, treuua enfin vn pretexte en la coniuration de Pison, & le fit mourir dans son climacterique, selon la plus commune opinion. Il estoit extremement riche lors qu'il vint à la cour, mais ses richesses furent bien augmentés par la liberalité de Neron, elles allerent selon la supputation de Budee à vingt-quatre millions de liures, d'où Lipse ne s'esloigne pas. Burrhus partagea auec luy l'authorité sous ce Prince, & eut le soin des affaires de la guerre comme y estant obligé par la charge de Colonel des bandes Pretoriennes qu'il exerça dignement, aussi sa mort acheua de ruiner la creance de Seneque. Il eut deux femmes, & de la premiere des enfans qui moururent en bas aage, l'on ne sçait pas le nom de leur mere, mais la deuxiesme fut Pompeia Paulina Dame Romaine, sœur de

Paulinus Surintendant des finances de l'Empire, à qui il adressa cét excellent discours de la briefueté de la vie; il estoit assez aagé, & elle assez ieune lors qu'il l'espousa, ce que Dion luy reproche: & plusieurs autres choses tirees des calomnies de Suillius qui auoit tousiours esté ennemy iuré de Seneque, & des autres libelles qui coururent de son temps, chose assez ordinaire contre ceux qui gouuernent, quelque bonne que soit leur conduite: mais pour sçauoir quel homme estoit ce Suillius, il faut voir Tacite au quatriesme liure de ses Annales, où l'on apprendra que Seneque a tousiours despleu aux meschants.

L'on ne doit pas pourtant trouuer estrange que Dion se declare ennemy de sa vertu, puis qu'il a le goust si depraué qu'il ose soustenir le parti de Cesar contre Pompee, & d'Antonius contre Ciceron, & apres tout il suffit de luy opposer Tacite, qui parle de Seneque auec vne grande veneration,

& qui merite bien d'auantage de croyance qu'vn Grec dans les affaires Romaines. Mais il est bien hôteux à nos derniers siecles d'auoir encheri en mesdisance sur tous les autres qui les ont precedés, & d'auoir produit vn ENCOMIVM NERONIS, où Cardan descharge sa bile contre Seneque, & loüe Neron auec tant de froideur & d'effronterie, qu'on peut dire de luy la mesme chose qu'Isocrate, de celuy qui auoit fait vn Panegyre pour Busiris: que si Neron estoit encore en vie, il le recompenseroit comme il faut de sa peine, & le feroit bien repentir de l'auoir si mal loüé. Aule-Gelle a attaqué l'esprit & les ouurages de Seneque auec la mesme liberté que Dion employe cõtre ses mœurs, car il va iusques à cét excés, que de l'appeller escriuain inepte, insipide & broüillon: quelque responce pourtant que merite cét insupportable mespris, ie me contenteray de dire qu'il s'en faut beaucoup qu'Aule-Gelle ne vaille celuy qu'il iniurie plustost qu'il ne le reprend. Certes Quintilien comme il est extremement iudicieux, est aussi fort modeste dans sa censure, qu'on peut voir au X. liure de ses Institutions, où il le louë auec excés, & le reprend par mesure, reduisant tout ce qu'il y treuue à dire dãs ce principal point, que Seneque n'est pas bon maistre pour l'Eloquence, en quoy il a quelque raison. Il ne faut pas mettre en ligne de compte le sentiment de Caligula qui méprisoit sa façon d'escrire, car c'est beaucoup de gloire à Seneque de n'auoir pas esté au goust d'vn homme qui voulut supprimer Virgile & Tite-Liue, & defendre de mettre leurs statuës dans les Bibliotheques. Erasme aussi parmi les modernes s'est meslé d'en dire son auis, mais ce ne sont que pieces ramassees de Quintilien & d'Aule-Gelle, qui n'empeschent pas pourtant qu'il ne soit enfin contraint de donner les mains à la verité. Enfin le nombre *des sages qui ont loüé sa vie & ses ouurages est si grand, qu'on ne court pas fortune d'errer dans vn sentiment establi par vne si puissante authorité; l'on sçait bien le nombre des cometes qui ne sont que des meteores vagabonds formez des viles exhalaisons de la terre, mais celuy des estoiles fixes est inconneu: il est aussi bien aise de compter ceux ausquels Seneque a desspleu, mais il n'est pas si facile de rapporter icy le nom de tant de grands hommes qui l'ont admiré: ie me contenteray du tesmoignage & de l'authorité de Plutarque parmi les anciens, lequel bien que peu fauorable aux esprits Romains, auoüe neantmoins que le Portique, l'Academie, & le Lycee de la Grece n'ont rien produit de comparable à Seneque pour la Philosophie Morale; & quant aux modernes, Montaigne qui peut passer pour le Maistre de nos siecles, auoüe franchement que Seneque est le sien.*

Iuge doncques (LECTEVR) *si ce n'est pas auec grande raison que tout le monde regrette la perte de ses dernieres paroles qui furent publiées apres sa mort, ou plus vray semblablement apres celle de Neron, & qu'on voyoit encore du temps de Tacite. Si cette perte estoit reparable, & si les soins qu'on y a pris inutilement n'en auoient fait perdre aussi l'esperance, ie n'aurois garde de te donner vn corps supposé qui te degoustera, au lieu du veritable qui te rauiroit, Mais puis qu'il a esté permis aux Peintres de nous representer à leur mode les visages des Empereurs & des autres hommes illustres du temps passé, sans autre fondement que de quelques lineaments, qui sont rapportez par les Historiens, ou desterrez sur quelque vieille statuë, & que nous receuons les portraits qu'ils nous donnent, comme si c'estoient les vrayes images de ceux à qui elles n'ont peut estre iamais ressemblé; Pourquoy ne* ſera-il pas permis d'imaginer les dernieres paroles de Seneque, au lieu des veritables que nous n'auons pas, puis qu'outre le ſecours que nous tirons de Tacite & des autres Hiſtoriens, dans ſa vie & dans ſes eſcrits, il nous a laiſſé l'idée de cet ouurage? Tu diras ſans doute (LECTEVR) que i'entreprens beaucoup, & que c'eſt auoir le pinceau bien hardy que d'oſer acheuer les ouurages de Michel Ange; Mais à cela ie n'ay rien à te repartir, ſi ce n'eſt qu'aux grandes choſes la volonté eſt conſiderable, & qu'aux impoſſibles l'effort eſt quelquefois à priſer, & que ie n'auray pas perdu ma peine, ſi ie puis exciter quelque eſprit plus capable de ce trauail, à paracheuer ce que ie n'ay qu'eſbauché, ou ſi tu veux, à reparer ce que i'ay gaſté. Ie veux bien que tu diſes entendant parler Seneque par mon organe, que c'eſt vn Prince qui a pris par gayeté le manteau de ſon valet, ou que c'eſt icy la Chimere des Poëtes, qui ſur la teſte

d'vn

d'vn homme à la teste d'vn cheual, & ne seray pas marri de souffrir tout ce qui releuera sa gloire: Comme iè me deffie extremement de mon esprit, ie prefereray tousiours tes censures à tes loüanges, & ma docilité doit du moins te cõuier à me reprendre sans aigreur & sans mespris. Ce n'est point, LECTEVR, par vne modestie affectée que ie te parle de cette sorte, & ie ne fay pas comme ceux qui selon le prouerbe Espagnol, qui veut que pour apprendre vne verité, l'on die vn mensonge, ne se blasment que pour estre loüez: Ie di la chose comme elle est, i'estime fort peu mes ouurages, & bien qu'ils ayent reçeu autrefois des loüanges d'vne bouche qui ne prononce que des oracles, i'ay peine de suiure en ma faueur vn sentiment qui m'oblige plus qu'il ne me persuade. Et pour te faire voir, (LECTEVR) que ie parle sans feintise, ie n'vseray point des Prefaces & excuses ordinaires de nos Autheurs, & ne te diray pas que mes amis m'ont sollicité de donner au public cet ouurage: que les Imprimeurs me l'ont arraché par force, & que ie craignois qu'ils ne le missent au iour sans mon sceu, à cause qu'il en couroit desia des copies mal corrigees: car quand à la priere de mes amis, ou sincere ou cõplaisante, il en pourroit estre quelque chose; mais de tout le reste ie t'asseure qu'il n'en est rien: C'est vn mien enfant, fut-il aueugle & cõtrefait, il faut qu'il viue: seulement te puis-ie dire que ce fruit, (s'il en merite le nom), & quelques autres de mesme façon que ie te promets dans peu de iours si celui-cy te cõtente, sont nez parmi les espines de mille soins assez importuns à ceux qui veulent vaquer à de pareilles choses, & que i'ay soustrait aux occupations necessaires le temps que i'ay dõné a celle-cy. I'espere neãtmoins que les plus rigoureux censeurs de cet ouurage auoüeront que si ie ne fay pas bien parler Seneque selon l'art, du moins ie le fay bien parler selõ la vertu, & que si ce discours déroge à son esprit, il n'offence point sa vie.

Ie doy pourtant cette satisfaction à ceux qui aiment son nõ & sa memoire sans auoir *pris grand ſoin à lire ſes Oeuures, de leur dire pourquoy ie le fay parler auec doute de l'immortalité de nos ames, & d'où vient qu'il ne ſe reſout pas à la mort auec vne eſperance certaine des felicitez qui la doiuent ſuiure. Surquoy il faut neceſſairement auouer que l'Immortalité de l'ame a eſté ſa pierre d'achoppement, & que s'il n'a pas eſté dans vne opinion tout à fait contraire, il n'a eu celle-là que fort douteuſe, & pour vſer des termes de l'vn des plus iudicieux & ſçauans hõmes de noſtre temps; s'il a creu l'Immortalité de l'ame, ç'a eſté auec plus de chaleur que de lumiere, & de zele que d'intelligence. Tantoſt il dit, qu'il n'y a rien apres cette vie, que tout perit auec elle, que c'eſt folie de nous plaindre dequoy nous reuenons par la mort à vne cõditiõ dans laquelle nous auons eſté durant tous les ſiecles qui ont precedé la naiſſance, & que ce n'eſt pas plus de malheur à vn flambeau d'eſtre eſteint, que de n'auoir pas eſté allumé. Ailleurs il dit, que le bien & le mal ſont les acceſſoires de ce qui*

Le ſieur de Silhon en ſon Traité de l'Immort.

Epiſt. 55.

Conſol. ad Martiam. cap. 19.

est, que ce qui n'est plus n'en sçauroit estre accueilli. En d'autres endroits il en parle auec irresolution, disant que la mort nous
Epist. 24 & 26. consume ou quelle nous renuoye, que si elle nous renuoie, c'est sans doute en quelque lieu ou nous serons mieux a nostre aise, que si elle nous consume, nous n'auons plus ny maux à souffrir, ny biens à posseder. Lors qu'il luy eschappe de parler de ces clartez eternelles qui doiuent suiure nostre mort, il y adiouste tousiours cette douteuse precaution, (si toutefois ce que les Sages nous disent est vray,
Ep. 88. & 64. & que quelque lieu nous reçoiue au sortir de celui-cy.) Ailleurs il est partisã de Pithagore, & parle euidemment pour la trãsmutatiõ des ames. Et dans l'endroit de ses Oeu-
Epist. 36. Epist. 103. ures où il semble s'expliquer plus clairement pour l'affirmatiue, il ne laisse pas d'appeler vn beau songe la pensée de l'immortalité de nos ames, & se plaint ciuilement de Lucilius de qui il receut vne lettre pendant qu'il estoit attaché à cette meditation, comme d'vn homme qui l'a esueillé & tiré d'vne si douce trõ-

perie: Apres cela il pourſuit comme s'il faiſoit vn grand effort, (I'adiouſtois foy à ces grands hommes qui nous promettent vne choſe tres-agreable, mais qui ne nous en donnent aucune preuue). Si bien qu'on voit clairement qu'il eſtoit porté a cette opinion par vne volonté encline au bien, mais que ſon iugement y auoit beaucoup de repugnance, & que s'il en croyoit quelque choſe, c'eſtoit par cette excellente maxime, par laquelle l'on eſt inuité d'adiouſter foy à toutes les choſes qui pouſſent à la vertu, quelques incroyables qu'elles ſoient, afin que celuy qui les croit, ait le courage de les entreprendre & l'eſperance d'y arriuer. En effet Tertullien l'accuſe de n'auoir pas creu l'immortalité, & rapporte meſmes des paſſages tirés de quelques Oeuures de Seneque que nous auons perduës. Muret dans ſes Notes, & Lipſe dans ſa Fiſiologie des Stoïques ſont pareillement forcez d'auoüer en cela ſa foibleſſe: & nous en deuons tirer auec eux cette conſequence, que tous ces grands hommes payens, quel-

ques grandes que fussent leurs lumieres en autres choses, estoient des hiboux pour les diuines & surnaturelles, ou des Geants aueugles, dont les cheutes estoient d'autant plus lourdes que leur taille estoit auantageuse.

C'est ce qui me fait extrement douter de cette pieuse opinion de quelques Peres de l'Eglise, qui ont creu que Seneque auoit eu des conferences fort particulieres auec S. Paul, qui vint à Rome de son temps, & qu'il luy auoit fait prendre goust aux plus releuez mysteres de la Religion Chrestienne, iusques-là que S. Hierosme n'a pas fait difficulté de le mettre au nombre des Escriuains Ecclesiastiques. Car outre que ces lettres de S. Paul à Seneque, & de Seneque à S. Paul, sur lesquelles S. Hierosme s'appuie si fort, sont condamnées par tous les sçauants, comme Apocrifes & faites a plaisir: Quelle apparence y a-il que Seneque sur vn si mauuais fondement que celuy de la mortalité de nos ames, ait peu establir vne croyãce qui ne nous parle que des merueilles de l'autre vie? &

qu'il ait eu la veuë assez bonne pour des lumieres, dont il n'a peu souffrir le crepuscule.

I'aurois de la peine aussi biẽ que toy, LECTEVR, de croire que Seneque ait parlé & raisonné fortement iusques au dernier souspir de sa vie, si Tacite ne nous en asseuroit: mais outre cette authorité il semble luy mesme nous auoir disposé à cette croyance dans l'vne de ses Epistres à Lucilius, où il luy fait sçauoir, qu'ayant esté attaqué quelques iours auparauant d'vne courte haleine, pendant que cette maladie l'auoit priué de l'vsage de tous les sens, il ne laissoit pas dans cette defaillance, de raisonner sans trouble ny frayeur, & d'entretenir son esprit de fortes pensees, quoy que cet accident l'eust reduit à l'extremité. De façon qu'on doit croire que ce grand homme, qui (pour vser des termes de Quintilien) auoit tout son esprit en argent contant, & cette merueilleuse abondance qui luy fournissoit des pensees sur toute sorte de suiets, ne laissa rien passer de toutes les choses qui precederent sa mort, d'où il ne tirast du *fruit & du secours à bien mourir.*

Il me reste seulement à te dire, (LECTEVR) *que tu ne dois pas rechercher dans ce discours cette pureté Françoise, que la nature refuse pour l'ordinaire à ceux qui sont nez, comme moy, aux plus reculées Prouinces de ce Royaume; car il est mal aisé que de la rudesse qu'on blasme dans nostre humeur, il n'en paroisse quelque chose dans le langage. Nous ne sçaurions estre delicats, ny contenter ceux qui le sont, c'est bien assés que nous soyons intelligibles, & que nous ayons la force, si nous ne pouuons auoir la douceur, dont le defaut ne nous rend pas si mesprisables, que Tacite digne iuge des bonnes choses n'ait estimé Subrius Flauius, Capitaine des gardes de Neron, pour sa façon de parler forte, mais peu polie. En tout cas, s'il y a d'autres chosés à blasmer dans cét ouurage, (comme ie n'en doute nullement) tu serois iniuste de me charger des vices de mõ Climat, dont on ne doit accuser que la Nature qui m'y a fait naistre.*

LA MORT ET LES DERNIERES PAROLES DE SENEQVE.

'ENTREPRISE qui fut faite contre Neron, apres que ses cruautez eurent attiré sur luy la haine & l'horreur de toute la terre, eut vn succés extremément funeste: car elle ne fut pas seulement fatale aux conjurez, mais luy seruit encore de pretexte pour exercer sa fureur contre ceux qui luy estoient odieux à cause de leur probité, & dont la vie reglée estoit comme vn reprohe aux desordres de la sienne. Ce Prince en qui les soins du Grand Seneque auoient fait voir de si belles esperances dans les premieres années de son Empire s'estant depuis abandonné au plus desordonnez mouuemens de son mauuais naturel, & aux pernicieux conseils de Poppée, & de Tigillin, feit voir dans peu de temps tout ce qu'vn grand pouuoir joint à vne extreme licence peut executer d'estrange & de funeste, de façon que les meurtres, les Patricides & les incendies estoient deuenus ses joüets & ses diuertissements ordinaires.

Parmy tant de gens de cœur qui gemissoienr soubs le faix d'vne si dure domination, l'amour de la Patrie porta les vns, & l'interrest particulier fit resoudre les autres, à s'en desfaire auec dessein de mettre Pison en sa place. Il faut pourtant presumer qu'ils couuerent longuement cette dangereuse pensée, auant que la descouurir l'vn à l'autre, car c'est de quoy l'on ne peut parler auec certitude, puis que le plus exact Historien de toute l'Antiquité auouë qu'il n'a iamais sceu apprendre au vray les commencemens de cette entreprise, à laquelle se joignirent tant de personnes si differentes en sexe, en condition, & en aage, qu'il y a grand sujet de s'estonner dequoy elle ne fut descouuerte que la veille du iour destiné à l'execution, non par la trahison d'aucun des conjurez, mais par l'imprudence de Sceuinus, qui fit desrouïller vn poignard à l'vn de ses esclaues, auquel il donna la liberté par vn testament solemnel, & qui tesmoigna ce iour-là, par vne infinité de paroles & d'actions, qu'il rouloit quelque grand dessein, où sa vie couroit fortune.

Quantité des plus releuez officiers des Bandes Pretoriennes estoient de la partie, & parmy eux Fenius Ruffus leur Colonel, qui nonobstant sa grande reputation, n'estoit pas agreable à Neron, & que Tigillin luy rẽdoit suspect, comme vn homme lequel ayant esté l'vn des confidens d'Agrippine, estoit sans doute aigry de sa mort, & mal affectionné à celuy qui en estoit l'autheur. Mais il respondit fort mal aux esperances qu'on auoit conceuës de sa vertu, en laquelle on faisoit consister la principale force de ce party, car apres auoir esté l'vn des plus eschauffez à persecuter ses compagnons lors que la conjuration fut descouuerte, pour éuiter le ſoupçon d'y auoir trempé, ayant eſté depuis accuſé par Sceuinus d'en eſtre l'vn des principaux complices, il ſe comporta ſi laſchement, & teſmoigna tant de frayeur dans ſes paroles, & dans ſon ſilence, qu'il y auoit ſujet de douter ſi celuy qui mouroit auec vn cœur ſi laſche, eſtoit le meſme qui auoit veſcu auec tant de reputation, & de gloire; en quoy il ſe laiſſa honteuſement ſurpaſſer à vne courtiſanne eſtrangere, dont le nom qui n'eſtoit auparauant conneu que par les desbauches de ſa vie, fut rendu par ſa mort, celebre en exemples de conſtance & de fermeté. C'eſt la fameuſe Epicharis a qui les plus crüelles geſnes ne peurent iamais arracher vn ſeul mot de cette conjuration, dont elle auoit appris les ſecrets par vne autre ſorte de geſnes, ſi bien qu'ayant souffert en vn

Le vin & la colere ſont les geſnes de l'eſprit, *vino tortus & ira*, mais l'on y peut adjouſter auſſi l'amour, qui na pas moins de force pour faire euenter les ſecrets.

corps delicat & accoustumé aux plaisirs, le fer & le feu, & tout ce que la rage des bourreaux de Neron employa pour la tourmenter: Comme on la ramenoit le lendemain pour renouueller les tortures sur ses membres des-ja brisez, elle fit vn cordeau du lasset de son corps de Iuppe, quelle attacha à la chaire où l'on l'auoit assise, parce quelle ne pouuoit se soustenir, & ayant mis la teste dedans, laissa couler son foible corps à terre, dont la cheute & le poix luy firent rendre en presence de Neron ce peu qui luy demeuroit de vie; Surquoy Tacite fait vne excellente remarque, & s'estonne extremément de voir qu'vne femme de cette sorte au milieu des feux & des bourreaux espargnoit des estrangers & des inconneus, pendant que des hommes de condition, nourris aux exercices de la guerre ſans auoir ſouffert aucun tourment, accuſoient leurs plus proches & leurs meilleurs amis, juſ-là que le Poëte Lucain n'eſpargna pas ſa propre mere, à laquelle l'on n'euſt iamais penſé s'il ne l'euſt accuſee. Cette laſcheté pourtant ne fuſt pas generale, & il y en eut quelques vns qui moururent fort genereuſement, mais ſur tout Subrius Flauius Capitaine d'vne cohorte de Pretoriens, lequel auant qu'eſtre deſcouuert, comme Neron s'occupoit à interroger Sceuinus, auoit deſ-ja porté la main ſur la garde de ſon eſpée, & euſt executé l'entrepriſe quoy que deſcouuerte, ſi Fenius Ruffus qui s'auiſa de ce qu'il vouloit faire ne luy euſt fait ſigne de ne hazarder pas ce coup là. Mais ayant depuis eſté accuſé, & Neron luy demandant pourquoy il auoit entrepris contre son Empereur, & violé le serment de fidelité, il luy respondit genereusement. (Ie vous ay aymé tant que vous l'auez merité, & il n'y auoit pour lors dans vos armées soldat ny Capitaine qui vous fust plus fidele que moy, mais depuis que vous estes deuenu Bâteleur, Parricide, & incendiaire, ie vous ay hay mortellement, & conspiré vostre mort pour le bien de ma Patrie). Neron piqué de ce discours commanda qu'on le fit mourir, & celuy à qui l'on en donna la commission, l'ayant voulu aduertir de ne bransler pas en presentant le col au supplice, il luy repartit en mesme temps (eusse tu le bras aussi ferme à me donner le coup que moy la teste à le receuoir.) C'est celuy-cy mesme, lequel suiuant le bruit commun auoit resolu auec ses compagnons, qu'apres qu'ils se se-

defaits de Neron, ils feroient pareil traittement à Pison, en faueur duquel tous les autres conjurez auoient donné leurs suffrages, pour mettre l'Empire entre les mains de Seneque, & qui leur disoit à cet effet, qu'il n'y auoit pas d'apparence d'oster l'Empire à vn violon, pour le donner à vn Comedien, voulant parler de Pison, qui se mesloit de chanter quelquefois en habit Tragique, en presence de ses amis.

Surquoy, la plus part des Historiens ne font pas beaucoup de difficulté de dire que Seneque estoit de la partie, & qu'il s'estoit laissé chatouiller aux esperances qu'on luy auoit données de le mettre en la place de son disciple: c'est pourtant condamner bien legerement vn tel homme, & imiter en quelque façon l'injustice de Neron, qui le declara coupable ſans autre preuue, & à cauſe ſeulement qu'il deſiroit s'en défaire; Et en effet, Tacite qui a pris grand ſoin de s'informer des choſes qu'il auance, & qui eſt fort enclin à mal penſer en celles qui ſont douteuſes, ne l'euſt pas eſpargné s'il y euſt trempé tant ſoit peu, mais il auoüe au contraire, que Natalis l'accuſa ſeulement pour contenter Neron, & pour ſe frayer vn chemin à l'impunité qu'il obtint par cette accuſation, dans laquelle quelque cóplaiſance qu'il euſt pour celuy qui la luy ſuggeroit, il n'oſa dire autre choſe, ſi ce n'eſt qu'il eſtoit allé voir Seneque de la part de Piſon, pour ſe plaindre à luy dequoy il ne vouloit pas ſouffrir qu'il le viſitaſt, & que Seneque luy auoit reſpondu que ces viſites & ces entreueuës ne pouuoient de rien ſeruir à l'vn ny à l'autre, mais que pourtant ſa proſperité n'auoit point d'autre appuy que celle de Piſon.

Cette accuſation ayant eſté couchée par eſcrit, Neron commanda à Granius Siluanus, qui eſtoit auſſi l'vn des conjurez, & n'auoit pas encore eſté accuſé, d'en porter la minute à Seneque. Il eſtoit arriué ce iour là de la Campanie, & s'eſtoit arreſté dans vne ſienne maiſon à quatre milles de Rome, en compagnie de ſa femme & de deux de ſes amis. Pendant qu'ils eſtoient à table Siluanus arriua, & apres auoir enuironné la maiſon de gens de guerre, luy expoſa ſa commiſſion, à quoy Seneque reſpondit, que veritablement Natalis s'eſtoit venu plaindre à luy de la part de Piſon dequoy il ne vouloit pas ſouffrir ſes viſites, & qu'il s'en eſtoit excuſé ſur l'amour du repos, & ſur ce que dans ces ciuilitez il ſouffroit touſiours des contraintes qui nuiſoient extremément à ſa ſanté; qu'il ne voyoit point de raiſon qui l'obligeaſt à s'incommoder, pour ſatisfaire à vn homme particulier; & que s'il y auoit en cela vn peu de rudeſſe, c'eſtoit qu'il n'auoit iamais eu l'eſprit fait aux complimens & aux flatteries, ainſi que Neron meſme le pouuoit ſçauoir mieux que nul autre, ayant plus ſouuent eſprouué la liberté de Seneque que ſa complaiſance. Siluanus luy ayant rapporté cette reſponſe, il luy demanda s'il n'auoit point remarqué que Seneque ſe diſpoſaſt à vne mort volontaire, mais ayant reparti qu'il n'auoit veu aucune marque de frayeur en ſes paroles où en ſon viſage, Neron luy commanda d'y retourner, & de luy faire ſçauoir de ſa part qu'il falloit mourir. Ce Tribun marry d'eſtre chargé d'vne ſi honteuſe commiſſion alla paſſer chez Fenius Ruffus pour le conſulter ſur ce qu'il auoit à faire, lequel luy perſuada laſchement, d'obeïr à ce qui luy eſtoit ordonné, comme ſi ce Colonel de qui l'on s'eſtoit tant promis, n'euſt pris part à cette entrepriſe que pour la ruiner, & pour faire auorter tous les bons mouuements des conjurez. Siluanus ſe reſoluſt doncques d'obeyr, & d'augmenter par ce moyen le nombre des crimes, pour la punition deſquels il auoit conſpiré: Il n'oſa pas neantmoins eſtre le ſpectateur d'vne ſi eſtrange Tragedie, & enuoya vn Capitaine accompagné de quelques Pretoriens luy porter cette facheuſe parole. Le Capitaine ayant executé ſa charge, Seneque ſans s'eſtonner, demanda des tables teſtamentaires, ſoit pour y coucher ſes dernieres diſpoſitions, ſoit pour adjouſter quelque choſe par forme de codicille, à celles qu'il auoit deſia faites, ce que le Capitaine luy ayant refuſé, il ſe tourna vers ſes amis, que ce piteux ſpectacle faiſoit fondre en larmes & en regrets, auſquels il parla de la ſorte.

« PVIS qu'on ne me permet pas, mes « chers amis, de vous faire part de mes « biens, dont ie n'auois deſiré de diſ« poſer librement que pour auoir « moyen de reconnoiſtre voſtre affe« ction, & que la fortune me veut faire « voir en ce dernier iour qu'elle con« ſerue encore ſon Empire ſur les cho« ſes qu'elle m'a données, laiſſons cette « proye à l'auidité de Neron, & des « ſangſuës qui l'enuironnent, ſouf« frons qu'il reprenne auec injuſtice ce « qu'il m'auoit donné, ou que i'auois « acquis iuſtement, & qu'il me traitte

auec plus de rigueur que les victimes "
publiques à qui l'on n'oste pas les "
bouquets lors qu'on les veut im- "
moler. Ie voy bien qu'il en vse de "
la façon pour m'accorder la priere "
que ie luy en ay faicte assez souuent, "
ou peut estre pour obseruer l'vsage, "
qui veut que la despoüille du con- "
damné appartienne au bourreau, & "
il n'a differé de presser l'esponge, "
qu'en attendant qu'elle fust mieux "
remplie de l'humeur qu'il en vou- "
loit espreindre. Ie luy en sçay bon "
gré pourtant, & n'ayant iamais re- "
gardé les richesses que comme les "
voyageurs regardent les beaux meu- "
bles d'vne maison où ils ne doiuent "
pas sejourner, leur amour ne m'em- "
pesche pas de tirer chemin : L'essor "
de mon esprit en sera maintenant "
plus libre, pour se porter où son de- "
stin l'appelle, & deschargé d'vn soin "

« qui l'obligeoit de donner encor' vn
« coup d'œil à la terre, il n'aura plus
« rien qui le diuertisse des pensees di-
« gnes de sa generosité. Aussi bien la
« prouision est inutile lors que le
« voyage est acheué, & ie suis bien
« ayse d'aprendre par experience, ce
« dont i'estois desia persuadé par rai-
« son, que cette abondance satisfait
« seulement ceux qui la mesprisent,
« que le meilleur vsage des richesses,
« c'est de les sçauoir quitter sans re-
« gret, & quelles ne sont matiere de
« tourment, qu'à ceux à qui elle sont
« matiere de perte. La cruauté des Ty-
« rans ne peut rien sur ce qui me reste,
« ny la fortune me rauir ce quelle ne
« m'a pas donné; Receuez-donc ce
« qu'il m'est permis de vous laisser
« comme vn gage de mon affection,
« & pour vn dernier tesmoignage de
« l'estime que ie fay de vostre vertu.

C'est

C'eſt, mes chers amis, l'image de ma vie que ie vous laiſſe, de laquelle s'il vous plaiſoit de conſiderer quelquefois la conduitte & les diuerſes faces, comme vous ne tireriez pas peu de gloire de l'amitié que vous m'auez portee, à peine vous repentiriez-vous auſſi de m'auoir ſi conſtamment aymé. Vous ne croirez pas, ie m'aſſeure, que ie vous tienne ce diſcours par aucun ſentiment de vanité, c'eſt vn vice que ie n'ay iamais conneu que de nom, aux mouuemens duquel ayant eſté inſenſible pendant ma vie, i'aurois mauuaiſe grace d'en eſtre touché en cette derniere heure : Ie vous donne, mes chers amis, ce que ie receurois volontiers de vous, ſi la cruauté de Neron vous auoit reduits en pareille neceſſité, car l'image de vos vertus ſeroit alors la plus agreable ſucceſ-

« ſion dont vous pourriez me grati-
« fier. Les paſſions reglees & confor-
« mes à la raiſon ne cauſent jamais ny
« trouble, ny deſordre dans les ames,
« & bien que la mort de ceux qui ont
« merité noſtre amour ſoit ſenſible, le
« remede y eſt ſi proche du mal, & la
« conſolation, de la perte, qu'il ſemble
« que ce ſoit la meſme choſe de les
« perdre, que de les poſſeder; puis que
« dans le ſouuenir de leurs bonnes
« actions & de leur glorieuſe vie, ils
« nous laiſſent touſiours ce qui nous
« les rendoit aymables. Il ſera permis
« à Poppee & à Tigillin de s'aban-
« donner à la rage & au deſeſpoir s'il
« leur arriue de ſuruiure à Neron, par-
« ce qu'ayant perdu celuy qui nourriſt
« leur auarice, & qui ſaoule leur cruau-
« té, il ne leur reſtera point d'objet de
« conſolation dans l'image d'vne vie
« pleine d'horreurs & de crimes. Dans

là mienne, mes chers amis, vous n'auez pas veu eſclatter de grandes vertus, mais ſeulement vn ſoin perpetuel de les acquerir; ie ne ſçay ſi mes forces ont eſté trop petites, ou mes annees trop courtes, mais auſſi vous n'ignorez pas qu'en pareilles choſes le ſeul effort eſt loüable, & que ceux qui deſirent ardemment d'y paruenir, n'en ſont pas beaucoup eſloignez.

Mes plus ordinaires occupations ont eſté apres l'eſtude de la Sageſſe, dans laquelle ſi i'ay fait quelque progrez, i'en ſuis redeuable en partie aux lumieres que voſtre conuerſation m'a données: Et pleuſt à Dieu qu'il m'euſt eſté permis de n'abandonner iamais cette occupation, & qu'on ne m'euſt point tiré de la ſolitude où ie m'aimois, pour m'introduire dans les Cours des Princes, &

« dans la conduitte de leurs affaires, si « mon nom ne leur eust esté conneu « que comme à Caligula, par mon « stile, & par ma façon d'escrire qu'il « mesprisoit, ma vie en auroit esté plus « tranquille ; ie n'aurois ressenti ny la « haine de Messaline, ny la brutalité « de son mari, j'aurois euité les inquie- « tudes que l'Ambitieuse & inesgale « humeur d'Agrippine m'a si souuent « données, enfin le mauuais naturel de « Neron ne m'auroit pas fait tant de « peine pendant que ie l'ay retenu, & « depuis, ses desbordemens n'auroient « pas causé tant de honte à celuy qui « en auoit donné de si bonnes espe- « rances. L'on me proposa l'instru- « ction de ce Prince, comme l'employ « le plus sortable aux hommes de ma « profession, & que les maximes de la « Sagesse me deuoient faire embras- « ser, puis qu'en cultiuant son esprit, ie

Caligula mesprisoit le stile de Seneque, & disoit, que ce n'estoiẽt que pieces rapportées & sans liaison. *Vide Sueton. in Caio.*

cultiuois le repos des Peuples, & le «
bon-heur de toute la terre, à laquel- «
le il deuoit vn iour commander: «
Ceux qui apprendront les desordres «
dans lesquels il s'est precipité, depuis «
qu'il a secoüé le joug de nos instru- «
ctions & de nos conseils, iugeront «
aisément auec combien de soins & «
d'adresse il l'a fallu contenir dans les «
premieres années de son Empire, qui «
esgalent en moderation & en bon- «
heur la fin de celuy d'Auguste. Si le «
vice a eu pour luy plus de charmes «
que la vertu, si la complaisance de «
Poppée & de Tigillin a preualu sur «
la seuerité de Burrhus & de Seneque, «
l'on ne m'en doit rien imputer, i'ay «
tousiours preferé mon deuoir à son «
contentement, & la liberté dont «
i'ay vsé à le reprendre assez souuent, «
m'a fait descheoir de toute autho- «
rité, & perdre la creance qu'il m'a- «

« uoit donnée aux affaires.
« I'auoüe bien, mes chers amis, que
« ie me ſuis trop longuement attaché
« pres de luy, mais ç'a eſté tant que ſon
« mal me laiſſoit encor quelque eſpoir
« d'amendement, & n'eſtoit pas re-
« duit à l'extreme. Ie n'ay pas voulu
« abandonner mon ouurage pendant
« qu'il luy reſtoit encore quelques
« traits de la forme que ie luy auois
« donnée, Ie n'ay diſſimulé quelque-
« fois de petits maux, que pour en eui-
« ter de plus grands, I'ay ſouffert qu'il
« joüaſt de la harpe, de peur qu'il ne
« s'auiſaſt de jouër du couteau, &
« qu'il chantaſt deuant le peuple, crai-
« gnant qu'il ne luy print enuie de le
« faire pleurer. Ie ne deſauouë pas
« non-plus qu'il ne m'ait pour lors
« departi de grands biens, & qu'il
« n'ait donné beaucoup à vn homme
« qui ſe contentoit de fort peu, mais

i'ay sujet de croire qu'en cela, il a eu « pour objet, son interest plustost que « le mien, & qu'ayant dessors formé le « dessein de reprendre vn iour ce qu'il « me donnoit, il a voulu s'enrichir de « sa propre liberalité, & ne m'a choisi « que comme vn depositaire pour « conseruer entre mes mains, ce qui « entre les siennes auroit esté desia la « proye de ses garces & de ses affranchis. «

Mais d'où vient, mes chers amis, « que i'abuse de la derniere de ses liberalitez, « & que ie perds vn temps si « cher à vous dire des choses inutiles, il « est temps de finir la carriere, plustost « que de considerer les traces que i'y « ay laissées, & ie ne doy plus regarder « la vie, que pour l'acheuer glorieusement. « Mourons doncques, puis que « Neron le veut, & que les Dieux le « souffrent, cette nouuelle ne me sur- «

« prend nullement, ie ne trouue pas
« estrange que la mort s'adresse enfin
« à moy, apres auoir rauagé tout au-
« tour, quelle me frappe apres m'a-
« uoir menacé, & son abord n'est pas
« si farouche que ie voulusse me de-
« stourner d'vn pas pour l'euiter, son
« image a paru dans tous mes diuer-
« tissements, mes festins ont tousiours
« ressemblé à ceux des Egyptiens, ou
« le dernier mets est vn Squelette, & la
« cendre a esté mon plus riche orne-
« ment parmy toutes les pompes de
« ma fortune. Que si mes ouurages
« durent jusques à vn autre siecle, &
« qu'ils meritent la curiosité de ceux
« qui viendront apres nous, ils ny
« trouueront rien à leur goust, dont la
« mort ne soit l'assaisonnement, tou-
« tes les matieres que i'y traitte sont
« comme les lignes, qui des diuers en-
« droits de la circomference viennent

aboutir au mesme centre, & comme il n'y a point de si petit ruisseau qui ne conduise à la mer, aussi des sujets les plus esloignez, ie rameine l'esprit à cette pensée, & la posterité n'y verra point de lumieres qui ne luy descouurent l'obscurité de la mort & du neant, ny de fleurs que ie n'employe à parer les tombeaux.

En effet, mes chers amis, si la mort est vn passage à quelque chose de meilleur, il ne faut pas apprehender vn changement qui rend nostre condition plus heureuse, & si c'est vn aneantissement de nostre estre, ce repos eternel & paisible, a qui toute la rage des bourreaux de Neron ne sçauroit donner la moindre inquietude, n'est-il pas bien doux & bien desirable, soyez asseurez qu'elle n'a des forces pour se rendre redoutables, que celles qu'elle tire de nostre

« lascheté, & que ce dernier moment « qui separe l'ame d'auec le corps, « comme il n'est pas capable à cause de « sa briefueté, de causer, ou de conte- « nir des douleurs excessiues, n'a rien « de rude que la crainte qui le prece- « de; Puis donc que c'est le vice & la « foiblesse des mourants, qui cause ces « angoisses, dont le commun des hó- « mes est ordinairement trauaillé, ne « nous seroit-il pas bien honteux? « apres auoir donné tant de temps à la « Philosophie, d'y auoir si peu profi- « té, & de n'auoir pas vaincu des paf- « sions que nous auons si longuement « combattuës. A quoy tant de prece- « ptes? pour reigler les desreiglemens « de nos esprits, pour moderer nos de- « sirs & nos craintes, si leur force nous « manquoit au besoin, & dans vne « action qui doit rendre raison de tou- « te nostre vie, des accidens de laquelle comme il n'y en a point de plus certain que la mort, auſſi ny en a-il aucun qui doiue rencontrer en nous plus de conſtance & de fermeté. Tel ſe diſpoſe à ſouffrir genereuſement la diſette, qui n'aura iamais faute de biens, vous ne ſeriez pas fachez d'eſſuyer des hontes & des calomnies, & il vous arriuera pourtant, que comme voſtre vie eſt ſans crime, voſtre reputation ne ſera iamais noircie d'aucun blaſme ; l'Eſtude de la Sageſſe aura fortifié voſtre ame contre la perte de vos enfans, & de ce que vous auez de plus cher, & Dieu ne voudra pas exercer voſtre conſtance de la façon, ny vous permettre de leur ſuruiure. C'eſt ſeulemẽt des preceptes & des diſpoſitions à bien mourir, que l'vſage nous eſt infailli-ble & la pratique aſſeurée, il faut nous preparer contre cét ennemy,

« puis que ſa rencontre eſt inéuitable, « & trauailler apres vne vertu, de laquelle nous ſommes auſſi certains « de faire vne fois l'eſſay, que de ne le « pouuoir pas refaire. La crainte de la « mort eſt doncques vne apprehenſion bien vaine & ridicule, & ſi elle « eſt à craindre, il faut par la meſme « raiſon craindre la nuict & le jour, « qui ne ſont pas des effects plus ordinaires dans la nature que la naiſſance & la mort. L'on n'aprehende que « les choſes incertaines, mais l'on ſe « diſpoſe aux infaillibles, la crainte eſt « pour les euenements douteux, mais « l'attente eſt pour ceux qui ſont ineuitables.

« S'il eſt donc vray que la loy de « nos deſtins ſoit inuiolable, ſi par « cette maxime certaine, que ce que « nous executons le dernier, eſt le premier dans noſtre deſſein, dés le jour

« de nostre naissance nous tirons tousjours vers la fin, si la continuelle mort des moments de nostre vie, dont l'vn se meurt à mesure que l'autre luy succede, nous reduit enfin au dernier qui ne sera suiuy d'aucun autre. Quel danger y a-il de faire aujourd'huy, ce qu'il faudra faire vn jour? & pourquoy serois-je fasché d'arriuer de bonne heure au lieu ou j'ay tousiours eu dessein de me rendre? Que si c'est estre hebeté que de trouuer estrange ce qui arriue chaque jour, c'est estre delicat que de se plaindre d'vne loy generale; les Sceptres en cela n'ont point d'auantage sur la houlette, ny les Palais des Roys sur les cabanes des Bergers: Celuy qui m'a fait commander de mourir, receura des destins, mesme commandement, & leur patience ne doit pas durer beaucoup dauan-

« tage, s'ils ne veulẽt passer pour com-
« plices des crimes, dont ils souffrent si
« longuement l'autheur auec impuni-
« té. Ie croy pourtant, mes chers amis,
« que Neron n'est pas reserué à vne fin
« si douce que la mienne, à peine celuy
« qui a fait perir par le fer, ou par le
« poison, tout ce qu'il auoit de plus
« cher & de plus digne d'estre aymé,
« finira sa vie parmy les vœux & les
« larmes de ses amis. Au lieu des fauo-
« rables deuoirs que vostre constante
« amitié me rend en cette derniere
« heure, la sienne ne sera chargée que
« d'imprecations funestes, & si les fu-
« ries l'agitent dés maintenant, & luy
« rameinẽt auec horreur l'image d'A-
« grippine & de tant d'autres, elles re-
« doubleront sans doute pour lors la
« rigueur de leurs gesnes, & luy fe-
« ront souffrir dãs son horrible mort,
« autant de bourreaux que d'objects,

autant de supplices que de pensées: «
Ne regretez point la mienne, mes «
chers amis, elle est plus digne d'en- «
uie que de pitié, ie meurs lors qu'on «
ne doit plus viure, dans vne saison «
en laquelle il faut faire les injustices, «
ou les souffrir, estre coupable, ou «
mal-heureux, seruir d'instrument ou «
d'object à la cruauté. «

A quoy doncques ces larmes qui «
font tort à vostre generosité, & qui «
choquent ma constance? Qu'auez- «
vous apperceu en moy? qui vous «
porte à de pareilles foiblesses, & qui «
ne vous demãde plustost des Eloges, «
que des pleurs? Auez-vous oublie les «
maximes de vostre profession & de «
la mienne? & l'estude de la Sagesse «
qui vous apprend à souffrir gene- «
reusement les maux & les accidens «
de la vie, permet-il que vous soyez «
faschez de m'en voir deliuré? Vous «

« me donnez ſujet d'aprehender, que
« ſi ma mort vous déplaiſt, vous n'ai-
« merez pas ma memoire, puis que
« l'on deſtourne volontiers la veuë
« d'vn objet qui afflige, & que l'on
« taſche ordinairement, d'effacer le
« ſouuenir des choſes qu'on regrette,
« ſi bien que ie perdrois par ce moyen
« le fruit de ma liberalité, & ie vous
« aurois inutilement laiſſé l'image de
« ma vie. I'ay bien de la peine à deui-
« ner, mes chers amis, ſi c'eſt le genre,
« ou la cauſe que vous regrettez dans
« ma mort, ſi vous la jugez mal-heu-
« reuſe ou criminelle, mais n'eſtans
« pas foibles iuſques-là, que de croire
« que tous ceux qui perdent les yeux
« meritent qu'on les leur arrache, &
« particulierement dans vn ſiecle ou
« les ſupplices ſont deuenus les mar-
« ques de l'innocence, vous deuez re-
« ſeruer vos larmes pour les deſola-
tions

tions que Neron vous prepare, car « vous ne tarderez-pas à estimer heu- « reuse ma condition que vous regret- « tez à present, lors qu'accueillis du « dernier de tous les malheurs, si vous « voulez mourir, l'on vous forcera de « viure. La cruauté de ce monstre vous « estoit elle incognuë? ne sçauiez-vous « pas qu'apres auoir esgorgé sa mere sa « femme & son frere, il ne restoit point « de viande exquise à son cruel appetit « que la vie de son precepteur, & « qu'ayant deschiré les entrailles où il « a receu la vie, il n'auoit garde d'es- « pargner celuy qui à esleué sa ieu- « nesse. «

Que cette mort, mes chers amis, « me seroit doublement agreable si el- « le estoit la derniere de ses cruautez, si « elle pouuoit tarir ces sanglantes « sources qui coulent depuis si long- « temps, & si sa rage s'appaisoit par vn «

ſacrifice, que i'en ſerois volontiers la « victime, mais cette ſoif comme celle « des hydropiques, s'irritte par les « breuuages, il croit ne pouuoir s'aſ- « ſeurer de la mort des vns, que par cel- « le des autres, ny defendre ſes vieux « crimes que par de nouueaux, & com- « me il eſt certain que ceux qui offen- « cent ne pardonnent iamais à ceux « qu'ils ont offencez, il ne trouuera « point de ſeureté contre les remords « & les craintes, que dans la perte de « tous ceux dont il apprehendera le « reſſentiment, de ſorte qu'il eſt fort « dangereux qu'apres auoir bruſlé « Rome par ſes boute-feux, il ne noye « enfin les funeſtes reliques de cet em- « brazement, dans le ſang de tout ce « qu'il y eſt demeuré d'innocens. Il « vaut donc mieux abandonner la vie, « que de la reſeruer à ſemblables hor- « reurs, le monde n'eſt pas vn ſejour agreable lors qu'il eſt en proye aux meſchans, maintenant qu'on n'y entend plus que le bruit des chaiſnes, les cris des mourans, ou les plaintes de ceux qui demeurent; que l'on ny voit que carnage & ſang reſpandu, comme ſi nous eſtions ſoubs l'Empire des Tigres & des Lyons, & de moy ie croirois violer les Loix de l'amitié que ie vous ay iurée, ſi ie n'eſtois ſenſiblement touché des miſeres qui menacent voſtre fortune.

Pour vous, MA PAVLINE, chere compagne de ma vie, auec qui i'ay partagé toutes mes ioyes, & toutes mes infortunes, i'ay peine d'aprouuer, & n'oſerois pourtant condamner vos larmes, que voſtre perte rend en quelque façon legitimes, & voſtre ſexe excuſables, ie n'ay garde de vous dire combien elles me touchent viuement, de peur d'augmen-

« ter vostre douleur, en vous donnant
« connoissance de la mienne, vous ne
« deuez pas pourtant vous y abandon-
« ner sans resistance comme les ames
« vulgaires, mais bien tesmoigner en
« cette occasion, que vous auez profité
« des preceptes, que ie vous confirme
« par mon exemple, faites par raison,
« ce que les autres font par le temps,
« & au lieu de vous plonger dans des
« inutiles regrets, cherchez dans ma
« mort, & dans ma vie des veritables
« sujets de consolation que vous y
« trouuerez aisément; faites que la po-
« sterité assemble nos Eloges, qu'elle
« apprenne en mesme temps que Se-
« neque est mort constamment, &
« que Pauline a souffert cet accident
« auec la mesme generosité. Tirez-
« vous des routes communes ou les
« petis maux grossissent par la lasche-
« té de ceux qui en sont accueillis, ou

la raison qui n'a ny force ny lumiere, suit sans resistance les sentimens peruertis de la Nature, & puis que les coups qu'on attend sont moins sensibles, & rencontrent vne raison preparée à les receuoir, qui abbat la moitié de leur violence, il faut retrancher de vostre douleur, tout ce que vous en auez ressenti par auance, depuis que vous auez preueu cét orage, & que vostre amour vous l'a fait apprehender. Faisons voir, chere Pauline, en vostre personne, & en la mienne, que la Vertu sçait viure & mourir en despit de la fortune, & qu'elle marche entre la bonne & la mauuaise auec vn grand mespris de l'vne & de l'autre. Autrefois vous auiez besoin de moderation dans vos ioyes, & maintenant de patience dans vos pertes, mais cette alteration ne doit pas aller jusques au

« cœur, & bien que la ſtatuë change
« de baze & d'appuy, elle ne doit pas
« changer de poſture. Ie ſçay pourtant
« que voſtre preuoyance ne s'eſt ia-
« mais endormie dans le ſein des proſ-
« peritez, que vous n'auez pas voulu
« vous fier au calme de cét element,
« que le moindre vent irrite, & qui
« fait briſer les vaiſſeaux, au meſme
« lieu où ils ſe ſont joüez peu aupara-
« uant, & que vous n'auez poſſedé les
« choſes les plus cheres, qu'auec cette
« aſſeurance, qu'elles vous manque-
« roient, ou que vous leur manque-
« riez. Ne vous plaignez pas doncques
« des maux dont le Ciel vous a fait
« ouyr la menace, ny des coups d'vn
« tonnerre que l'eſclair & le bruit ont
« precedez, continuez à viure dans ces
« loüables exercices, auſquels voſtre
« ſexe s'adonne. Eſleuez-vous quel-
« quefois au deſſus de ſa foibleſſe, par

l'estude de la Philosophie, & soyez «
longuement auec vous-mesme, puis «
que la vertu que vous auez acqui- «
se merite que vous la possediez, «
& que sa jouïssance vous soit aussi «
douce, que durable. Ie ne sçay pas «
si Neron vous laisse la vie comme «
vne grace, ou comme vn supplice, «
mais le Sage est tousiours maistre «
de son destin, vsez bien des maux «
qu'il vous fera, & quoy que ce soit «
fort peu de chose à celuy qui a es- «
gorgé sa mere, de persecuter vne «
femme, s'il est lasche jusques à ce «
point, ce ne sera pas peu de gloire à «
vous d'auoir souffert ses injustices, «
viuez contente comme ie meurs, «
plustost glorieux qu'innocent, & ne «
regrettez pas Seneque, puis que par «
sa mort, il ne fait point de honte à «
sa vie. «

Apres que Seneque eust parlé de

la façon, il appella l'vn de ses esclaues pour luy couper les veines, Mais Pauline, qui ne faisoit pas dessein de suruiure à vn tel mary, s'adressant a luy, apres l'auoir tendrement embrassé, luy dit auec vne constance incroyable.

« Ie ne sçaurois croire, MON CHER « SENEQVE, que vous me parliez tout « à bon de viure, & de me consoler, & « que vous ayez eu si mauuaise opi- « nion de Pauline, qu'elle voulust « vous suruiure, apres auoir tousiours « également reueré vostre vertu, & « cheri vostre personne: Ma vie que ie « doy perdre par raison, finiroit par le « desespoir si vous me jugiez capable « de cette lascheté, & ie serois inquie- « tée en mourant du desir d'aprendre « dans quelle de mes actions ie vous « ay donné la matiere de ce soupçon. « Faut-il parler de la vie à Pauline,

lors que Seneque l'abãdonne? n'eſt- «
ce pas luy peindre la lumiere auec «
vn charbon, la ietter dans le feu «
pour luy faire euiter la fumée, luy «
reprocher enfin qu'elle eſt ou aueu- «
gle, ou inſenſible, & qu'elle ne con- «
noiſt pas ſa miſere, ou qu'elle n'a pas «
le courage de s'en tirer? Pourquoy, «
MON CHER SENEQVE, offécez-vous «
ſi ſenſiblement ma fidelité que ie «
n'ay iamais violée? ou pluſtoſt pour- «
quoy vous faites-vous ce tort à vous «
meſme que de douter de la force de «
vos inſtructions, & de vos exemples? «
La Nature qui n'a point fait de mal «
immortel pour les choſes mortelles, «
nous permet de mourir lors que la «
vie nous eſt à charge, & la Philoſo- «
phie, dont vous m'auez enſeigné les «
preceptes, ne m'y fournit point de «
meilleur remede, Mais bien que le «
Sage n'ait iamais des gouſts diffe- «

„ rens pour vne mesme chose, & que
„ l'alteration des objets, n'altere pas
„ ses pensées, il semble qu'en ce qui
„ me regarde vous changiez d'auis, &
„ qu'apres auoir fortifié mes resolu-
„ tions pendant vostre vie, vous vous
„ efforciez de les affoiblir en mourant,
„ & de me fermer à present vne porte,
„ que vous m'auez tousiours mon-
„ strée ouuerte à la liberté. Ce sacré
„ lien que vostre vertu serre encor plus
„ estroittement que les Loix ciuiles,
„ forme plustost entre-nous l'vnion,
„ que la compagnie, nous ne sçau-
„ rions ny viure, ny mourir par moi-
„ tié comme les Insectes, & c'est mal
„ parler de nos destins, de dire qu'ils
„ sont inseparables, puis qu'ils ne sont
„ qu'vne mesme chose. Ne vous sou-
„ uient-il pas de m'auoir dit assez sou-
„ uent que le sommeil estoit l'image
„ de la mort, & le lict celle du tom-

beau, mais la verité dementiroit la "
figure, si apres auoir esté vnis en l'vn, "
nous estions separez en l'autre, & si "
nos cendres n'estoient pas entremes- "
lées, apres auoir bruslé d'vne flamme "
commune. La vertu aura sans doute "
abandonné la terre lors que vous n'y "
serez plus, & s'il y demeure encor "
quelque objet qui merite d'estre re- "
gardé, vous sçauez mieux que moy "
qu'on ne le peut voir sans lumiere, "
ny la lumiere sans yeux, & vous "
estes, cher Seneque, mes yeux & ma "
lumiere. Deliurez-moy doncques "
des inquietudes qui me trauaillent, "
dittes-moy de grace, par quel mou- "
uement vous m'auez voulu persua- "
der de demeurer au monde, & pour- "
quoy vous auez iugé de moy moins "
fauorablement que Neron, qui pour "
auoir ma vie, a creu que c'estoit assez "
de vous demander la vostre. Est-ce "

« que vous me rejettiez, cóme indigne « de mourir auec vous, apres m'auoir « permis d'y viure? ou que vous ayez « voulu tenter ma constance, & rendre « ma resolution plus glorieuse, en vous « efforçant de la diuertir; Du moins « ie ne sçaurois m'imaginer que vous « me reseruiez pour introduire la ser- « uitude dans vostre maison, & pour « traisner vne vie precaire, soubs le « bon plaisir de celuy qui vous l'au- « roit rauie: que si l'hoste de Silla ne « la voulut iamais receuoir, du meur- « trier de ses concitoyens, pourrois-je « bien estre redeuable de la mienne, à « celuy qui a fait esgorger sa mere, & « son Precepteur mon mary, & obli- « gée à baiser des mains sanglantes qui « me feroient vn present, apres m'a- « uoir deschiré les entrailles. Pardon- « nez-moy, Seneque, si i'ose vous dire « que le pouuoir que vous auez sur moy, ne s'estend pas jusques-là; qu'il « doit ressembler à celuy que nos ames « ont sur nos corps, ou la dilection « forme plustost vne esgalité, qu'vn « Empire; que vous ne me deuez pas « deffendre ce que vous prenez pour « vous, & qu'en cette seule occasion, je « pouuois meriter quelque gloire par « ma des-obeïssance; si toutefois c'est « vous des-obeïr, que de suiure vostre « exemple: Aussi ma vie ne seruiroit « plus qu'à grossir les miseres, qui ren- « dent hideuse la face de ma Patrie, « elle augmenteroit le nombre des « Spectres qui agitent cette ame crimi- « nelle, & Neron se resoudroit bien- « tost à me tirer du monde, pour se ti- « rer luy mesme des inquietudes que « ma presence luy causeroit; De façon « qu'il vaut mieux preuenir sa cruauté, « soit pour chercher la gloire d'vne « mort volontaire, soit pour l'empes- «

« cher d'estre dauantage coupable, &
« d'acroistre par ma mort le nombre
« de ses injustices. I'y suis toute dispo-
« sée, Mon cher Seneque, & voy paroi-
« stre sur vostre visage, le contente-
« ment que vous receuez de ma reso-
« lution, qui ne peut manquer de vous
« estre agreable, puis que vous y auez
« plus de part que moy, & qu'elle est
« vn effet de vos conseils & de vostre
« conuersation ; Mourons doncques,
« mourons, Ie n'ay plus rien à faire au
« monde ; fuyons la contagion d'vn
« mal-heureux Siecle, auquel Seneque
« meurt, & Neron commande, & que
« le mesme couteau qui vous ouurira
« les veines, m'ouure aussi le chemin à
« la liberté. Ie n'abandonne pas pour-
« tant la vie, pour la crainte des maux
« dont la mienne est menacée, ie fer-
« me en cette occasion les yeux à toute
« sorte d'interest, & proteste deuant

les Dieux immortels, que Pauline ne "
meurt, que parce qu'elle ne doit pas "
suruiure à Seneque. "

Ces paroles prononcées auec vne ardeur incroyable, firent des impressions bien contraires, dans l'ame de ceux qui les auoient entenduës, car comme les femmes ont vn extreme pouuoir à gouuerner les esprits, & à esmouuoir les courages, & sur tout lors que la passion qui les transporte, adjouste aux graces de leur sexe, celles du discours, & du mouuement; il ne luy fust pas mal-aisé de faire fondre en larmes tous les Spectateurs, par des paroles qui eussent flechi des marbres. Mais Seneque qui agissoit par d'autres mouuemens, & qui n'auoit pas osé luy proposer vne mort honorable sans auoir premierement sondé ses pensées, fust rauy d'y auoir rencontré vne si genereuse resolution, & apres luy auoir tesmoigné qu'il l'approuuoit extremément, & qu'il s'estimoit heureux de mourir en si bonne compagnie, il commanda à l'vn de ses Esclaues de leur couper les veines ; Mais l'esclaue attendri de la mort de son Maistre, faisant difficulté d'aprocher, il fut contraint de prendre le poignard, auec lequel il fit des grandes ouuertures dans ses bras, & apres il le mit entre les mains de Pauline qui en fit de mesme, & voyant que ses veines resserrées par l'abstinence, & par la vieillesse, donnoient vn cours trop lent au sang, qui n'en sortoit que goutte à goutte, il se coupa encores celles des cuisses & des iambes, d'où le sang ne pouuoit pareillement sortir, comme y estant retenu par les mesmes empeschemens. Il souffroit cependant des douleurs extrémes, bien qu'il n'en n'en fit rien connoiſtre dans ſa contenance, ou dans ſes paroles, outre qu'ayant pour autruy, la compaſſion qu'il n'auoit pas pour ſoy-meſme, il eſtoit grandement ſenſible aux peines qu'il voyoit ſouffrir à Pauline, qui n'eſtoit pas moins touchée de celles que Seneque enduroit. Si bien que pour euiter cette ſurcharge de douleur, il la pria de trouuer bon qu'on la portaſt dans vne autre chambre, ce qui fut executé tout à l'heure par les eſclaues qui l'emporterent toute paſmée, & preſque mourante. Alors Seneque ennuyé de la reſiſtance que faiſoit ſa vie, & craignant que la fortune ne miſt quelque obſtacle au deſſein qu'il auoit de mourir, pria Stace Année ſon amy, & ſon Medecin ordinaire d'apporter le poiſon qu'il luy auoit fait preparer à cét effect, teſ-

« moignant par là qu'il n'auoit pas « esté surpris, & qu'il auoit bien pre- « ueu cét orage, c'estoit du mesme « poison qu'on auoit accoustumé de « donner à ceux qui auoient esté con- « damnez à Athenes par arrest de l'A- « reopage, en quoy Seneque affecta « de ressembler à Socrate, duquel il « auoit la memoire & la vertu en grã- « de veneration. Parmy ces trauaux il « continua tousiours de parler auec « aussi peu d'émotion, que s'il eust esté « dans ses conuersations ordinaires, & « son ame, comme la plus haute re- « gion de l'air, ne se ressentoit nulle- « ment des orages, dont la plus basse « étoit agitée, si bien qu'en excitãt par « ses maux & par sa constance, la cõ- « passion & l'estonnement de tous les « assistans, il les entretint tousiours du « mespris des douleurs & de la mort, « meslant dans ses discours des reproches contre les Pretoriens, dequoy leur generosité n'estoit plus employée qu'à faire mourir des innocens. Voicy les belles paroles que prononça ce grand homme dans les derniers moments de sa vie, tant pour approuuer la resolution de Pauline, & se disposer tous deux à la mort, que pour reprocher à Neron sa tirannie, aux Pretoriens leur lascheté, & faire vne fin digne d'vne si belle vie dãs les embrassemens de ses amis, & dãs les solides consolations que luy fournissoit la Philosophie.

Ie vovs ay proposé la vie, CHERE « PAVLINE, de la mesme façon que « les meres offrent aux enfans qu'elles « veulẽt sevrer, la mammelle imbuë de « drogues ameres afin qu'ils s'en des« goustent d'eux-mesmes, & si ie vous « en ay monstré les biens, & les maux, « ç'a esté pour rendre vostre choix «

« plus libre & plus glorieux, aussi bien « ie n'auois garde de vous dire cruement qu'il falloit mourir, cette persuasion n'eust pas esté de bonne grace en ma bouche, elle pourroit souffrir des explicatiōs contraires à mon sentiment, dont la plus fauorable seroit, que ie vous ay enuié la gloire de cette resolution, & que par mes conseils i'y ay pretēdu quelque part. « Mais puis que c'est l'effet de vostre seule raison, & que les douceurs de la vie n'ont pas eu pour vous plus de charmes qu'vne mort glorieuse, ie ne sçaurois m'opposer à vn dessein, dont la vertu vous inspire les mouuemens, ny vous destourner d'vn chemin auquel elle vous adresse. Quelque égalité pourtant qu'il y ait dans nostre destin, vostre mort aura beaucoup d'auantages sur la mienne, vous sacrifiez les plus belles années de voſtre aage, & ie n'en « offre que l'eſgouſt, celuy qui me « commande de mourir, vous permet « de viure, & cette liberté adjouſte « des ornemens à voſtre reſolution « que la mienne n'a pas, ie reçoy ce « que vous allez rencontrer, ie perds la « vie, mais vous la fuyez, & l'on dira « que Seneque a ſupporté conſtam- « ment ce qu'il ne pouuoit éuiter, mais « que Pauline a pourſuiui la mort qui « s'eſloignoit d'elle, & abandonné « volontairement dans vn aage vi- « goureux, ce que les autres ont peine « de quitter dans vne extréme vieil- « leſſe. Ce n'eſt pas que ie vueille faire « honneur à Neron, & luy accorder « qu'il me contraint de mourir, il ne « me chaſſe pas, puis que ie ſors vo- « lontiers, l'on ne traiſne pas celuy qui « ſe laiſſe conduire, & la neceſſité n'a « point de pouuoir ſur le Sage, qui ne «

« resiste iamais à ce qu'elle comman-
« de. Ie ne pretens pas aussi, Pauline,
« diminuer par là vostre gloire, ny
« vous rauir ce que ie viens de vous ac-
« corder auec tant de iustice. I'auouë
« encore vne fois, que la foiblesse de
« vostre sexe, qui semble auoir eu de
« la nature les tendresses & la crain-
« te en partage, esleuera bien haut vne
« si genereuse action, quelque depra-
« ué que soit le siecle où nous viuons,
« elle y trouuera des Eloges, & ser-
« uant d'exemple aux plus genereux,
« & de reproche aux plus lasches, leur
« adoucira le visage de la mort, sur qui
« nostre foiblesse a ietté tant d'hor-
« reur & de deformité.

« Mais il est temps de mourir, Pau-
« line, & de tirer Neron de l'inquie-
« tude qu'il souffre dans l'attente de
« cette nouuelle, donnons-luy des ef-
« fects de nostre pitié pendant qu'il

nous fait ressentir ceux de sa cruauté. «
Approche Dyphax, descharge nous « d'vne chaisne qu'il vaut mieux rompre qu'vser, vien nous donner la liberté que tu n'as pas, & qui seroit la recompense de ta longue fidelité, si Neron me permettoit de te faire du bien : De tous les seruices que tu nous as rendus pendant ta vie, aucun ne nous fut iamais plus agreable que celuy que tu nous vas rendre, ce dernier doit couronner tous les autres, & te donner cét auantage par dessus tous tes esgaux, d'auoir affranchi ton Maistre. Coupe hardiment ces liens qui nous attachent à la vie, fay sortir de ces veines l'humeur qui l'entretient. Mais quoy, tu trembles Dyphax, ta main nous refuse cette assistance, & ce pasle visage nous fait bien connoistre, qu'elle attenteroit plus volontiers sur ta

Dyphax l'vn des esclaues de Seneque.

» vie, que ſur la noſtre : Ta foibleſſe
» m'aprend, que pour eſtre heureux
» l'on n'a beſoin que de ſoy-meſme,
» que noſtre felicité eſt touſiours en
» noſtre pouuoir, & qu'il ne ſeroit pas
» moins honteux à Seneque de de-
» mander la mort à vn autre, que de
» luy demander la vie. Rends moy
» doncques ce poignard, dont ta main
» me paroiſt pluſtoſt embellie, qu'ar-
» mée, & pour te faire voir qu'il eſt
» moins aceré que mon courage, re-
» garde dans ces playes, ſi ie ſçay m'ou-
» urir le chemin au repos, ou à l'im-
» mortalité. Ie te le remets, Pauline, il
» ne m'a fait aucun mal, tu en peux
» faire l'eſſay ſur ma parole. La nature
» auoit caché ce metail au plus pro-
» fond de ſes entrailles, les hommes le
» luy ont arraché pour s'en ſeruir à de-
» ſtruire ſes ouurages, mais nous l'em-
» ployons à de meilleurs vſages, puis

Seneque & Pauline ſe coupent les veines des bras.

qu'il leur cause beaucoup de maux, " desquels il nous deliure : ce n'est pas " qu'à son defaut nous n'eussiós d'au- " tres moyens de nous tirer du mon- " de, l'on n'y entre que par vne voye, " mais il y en a vne infinité pour en " sortir, comme si la nature vouloit " nous apprendre, qu'elle nous chasse " plus volontiers, qu'elle ne nous re- " çoit, & s'accordant en ce point auec " la vertu, nous offre autant de moyẽs " de rompre nos chaisnes, que celle- " cy nous en donne de preceptes. Cet- " te maison n'est pas mal pourueuë de " ce qu'il faut pour mourir, & Neron " n'auoit que faire de l'enuironner de " soldats, puis qu'il n'y eut iamais " d'autres armes pour luy opposer, " que la raison & la Philosophie. Il " ne deuoit pas faire tant de bruit " pour auoir ma vie, elle ne meritoit " pas la peine qu'il a donnée aux Pre- "

« toriens, dont il a besoin pour asseu-
« rer la sienne, & pour retenir les peu-
« ples ausquels elle est en horreur, par
« des craintes égales à leur haine.

« Autrefois, BRAVES PRETORIENS,
« vous estiez plustost les ornemens de
« sa Cour, que les gardes de sa person-
« ne, l'Amour de toute la terre rendoit
« vos soins inutiles à sa seureté, qui
« estoit mieux establie par des simples
« apparences de vertu, quelques trom-
« peuses qu'elles fussent, que par la ter-
« reur de vos armes; Mais ce Prince en
« changeant de vie, a changé vostre
« condition, vos seruices luy sont ne-
« cessaires, lors qu'il ne les merite plus,
« & vous le conseruez à present qu'il
« deuroit estre abandonné de tout le
« monde. Rome vous cherissoit alors
« comme les depositaires du salut du
« Prince, & de la felicité des sujets,
« mais elle vous regarde maintenant

comme les protecteurs de ſes crimes, & les miniſtres de ſa fureur. N'eſtes-vous point offencez des emplois auſquels il abbaiſſe voſtre ancienne valeur? & celle qui a eu pour prix, la conqueſte des Nations, & l'Empire de toute la terre, peut-elle bien ſans regret eſgorger des innocens, & faire mourir des femmes? Que ne luy dittes-vous lors qu'il abbaiſſe juſques-là voſtre vertu militaire, que vous auez preſté le ſerment de ſoldats, & non de bourreaux? que ce n'eſt pas pour aſſaſſiner, mais pour combattre, que vous portez vne eſpée, & qu'elle eſt auſſi biẽ à vos coſtez pour l'empeſcher de faire du mal, que pour l'empeſcher d'en receuoir? Mais s'il reſte encor à vos ames quelque genereux mouuement, ſçauriez-vous voir ſans honte les Aigles Romaines, ſoubmiſes à

" vn corbeau, & souffrir à la teste de
" vos legions cét effeminé Tigillin,
" plus aiusté que les garces publiques,
" ausquelles seulement il est digne de
" commander ? pouuez-vous receuoir
" de cette infame bouche (à qui la
" femme de chambre d'Octauia fit
" vn si honteux reproche,) ces ordres
" militaires qu'il vomit plustost qu'il
" ne les dóne, parmy les yurogneries &
" les desbauches où il est enseuely chas-
" que iour? & n'estes-vous pas bien ani-
" mez par vn tel exemple à soustenir
" la gloire du nom Romain, lors qu'au
" sortir des mauuais lieux, où il fait, &
" souffre tout ce que l'honnesteté me
" defend de dire, vous luy voyez occu-
" per vne place que la vertu de BVR-
" RHVS remplissoit n'agueres si digne-
" ment: Cette reuolution est si estráge,
" qu'il ne falloit pas vn moindre chan-
" gement aux meurs de Neron, pour

La femme de chābre d'Octauia qu'on vouloit forcer par les tortures d'accuser sa Maistresse d'Adultere, respondist à Tigillin qui la pressoit par des interrogats, que les parties naturelles d'Octauia estoiét plus chastes que sa bouche. *Tacit. Annal. l. 14.*

rendre celuy-cy croyable, & quoy " qu'il n'ayt peu choisir à Burrhus vn " successeur plus indigne, il ne pouuoit " pourtant mieux releuer sa gloire, que " par vne telle comparaison. L'hon- " neur que i'ay eu de partager auec luy " des soins esgalement inutiles, m'obli- " ge à reuerer encore en mourant la " memoire de ce grand homme, & " à consacrer mes dernieres affections " à vn si parfaict amy. Sa Vertu me- " ritoit vn meilleur Prince, si elle ne " meritoit plutost de n'en auoir point, " & de regner sur celuy qu'il a seruy si " fidelemét. Cét ingrat l'a recompensé " de ses peines, comme il recónoist au- " iourd'huy les miennes, & le siecle " qui vient d'admirer parmy nous vne " parfaitte vnion dans vne esgale puis- " sance, s'estonnera d'vne autre esgali- " té dans nos destins, & de nous voir " perir tous deux par la cruauté de ce- "

Neron ayant visité Burrhus qui estoit malade du poison qu'il luy auoit fait donner luy demanda commẽt il se portoit à quoy il respondit brusquement en tournant le visage d'vn autre costé que iusques alors il s'estoit bien porté. *Tacit. Ann. lib.* 14.

« luy que nous auions si soigneusemẽt esleué. Sa vie a esté le butin d'vn « poison proditoirement donné, il en « souffrit genereusement la perte, n'y « ayant treuué rien de rude que la visite de son empoisonneur, & si i'ay euité la mesme trahison, ç'a esté par hazard, plustost que par dessein, & pour « reseruer la mienne au couteau qui finira presentement mes peines.

« Il semble pourtant que la nature « me vueille retenir par force, & boucher les canaux par où ma vie doit « s'escouler, ce sang qui ne sort pas de « mes veines ouuertes, est ennemy de sa « liberté, mais plus encore de la mienne, il ne vient que goutte à goutte « bien que mes desirs le pressent, comme s'il vouloit iustifier Neron, & faire voir qu'il n'est pas iniuste de le respandre, puis qu'il est rebelle à ses « commandements. Ce n'est pourtant ny la crainte ny l'embonpoint qui " luy donnent de l'obstacle, & si la peur " ne l'arreste pas, l'abondance n'en a " pas bouché le passage, c'est plustost " que mon corps desseiché par l'aage, " & par les chagrins que m'a causez la " mauuaise vie de ce Prince, n'a que " fort peu de sang à verser, & si le ruis- " seau ne peut couler, il ne faut pas croi- " re que le cours en soit diuerty, mais " que la source en est tarie. "

Vous n'auez donc rien à regretter " dans ma mort. Mes chers amis, il me " restoit si peu à viure, que Neron n'a " preuenu la nature, que de fort peu de " iours, il a ietté par la fenestre, celuy " qui alloit estre accablé soubs les rui- " nes de sa maison, il a fait eschoüer vn " vaisseau brisé, & esteint vn flambeau, " qui n'auoit plus d'aliment pour faire " durer sa lumiere: S'il luy arriue de fi- " nir ses iours par vne mort violente, "

« comme il eſt apparent que l'horreur
« de ſes crimes le conduira bien-toſt
« dás quelque fin tragique, ie m'aſſeu-
« re qu'il ne ſe treuuera pas en la peine
« où ie me voy, & que ne s'eſtãt nourry
« que de ſang, il ne ſera pas mal-aiſé
« d'en faire ſortir de ſes veines. Peut-
« eſtre mes chers amis que le Ciel le
« permet de la ſorte, afin qu'en ce der-
« nier iour, ie vous confirme la verité
« des diſcours que ie vous ay tenus aſ-
« ſez ſouuent; qu'il n'y a qu'à brauer la
« mort pour la faire fuir deuant nous;
« qu'à luy monſtrer vn viſage aſſeuré,
« pour luy faire tourner le dos, & qu'el-
« le craint tous ceux qui ne la craignẽt
« pas. Iamais mortel ne fut plus em-
« preſſé à conſeruer ſa vie, que ie le ſuis
« à me defaire de la mienne; ce qu'ils
« ſouffrent en la perte, ie le ſouffre en
« la reſiſtance, & le ſang qu'on a peine
« d'arreſter dans les bleſſures des autres
ne

ne veut pas sortir des miennes, & "
semble estre d'intelligence auec la "
mort; pour s'attacher à moy, com- "
me elle s'en esloigne. "

Mais ie voy bien que cecy m'ar- "
riue comme vn effet assez ordinaire "
dans la nature, qui ne permet pas à la "
liqueur enfermee, de sortir si quel- "
que autre ouuerture ne donne l'en- "
tree à l'air qui luy doit succeder; puis "
doncques qu'elle m'en enseigne le "
remede, ce poignard qui ne rougit "
que du sang de Pauline, comme s'il "
auoit honte d'auoir blessé vne fem- "
me, apres auoir fait inutilement les "
premieres ouuertures en ma person- "
ne, fera les dernieres auec effect, tout "
insensible qu'il est, il a pitié de Ne- "
ron, & le voyant trauaillé d'vne soif "
enragée, il luy ouure des sources où "
sa cruauté pourra se desalterer dans "
le sang qui est son breuuage ordi- "

Seneque se coupe les veines des cuisses & des iambes.

Le poignard de Sceuinus auoit esté tiré du Temple de la fortune. *Tacit. Annal. l. 15.*

« naire. Que si ce poignard pouuoit « estre touché de mes remerciments, « comme ie le suis de ses bons offices, « il sçauroit que ie luy sçay si bon « gré de ce fauorable secours, que « ie le iuge digne d'estre mis dans vn « Temple, & conserué auec plus de « religion que celuy de Sceuinus, le- « quel, à ce qu'on vient de me dire, a « fait descouurir toute son entreprise. « La liberté qui est vn bié si desirable « doit auoir quantité d'auenuës, si ie « n'y puis arriuer par vn costé, i'y arri- « ueray par l'autre, & ma vie coulera « par les veines inferieures, si les supe- « rieures luy refusent le passage: Ie m'y « rendray bien-tost à cet heureux mo- « ment, qui n'est pas le dernier de la « vie, mais le dernier de nostre morta- « lité, mon ame en ressent desia les « douces approches, & s'eslance hors « d'elle-mesme du desir qu'elle a de

goufter le fruict des longues medita- «
tions quelle a faites fur cet accident. «
Elle veut accufer encore en mourant «
la lafcheté des hommes, qui n'en «
peuuẽt fouffrir la penfee, ou le nom «
qu'auec frayeur, & qui ne veulent «
pas fe perfuader qu'il n'y a rien de «
rude en la mort, que ce qu'ils y met- «
tent du leur, par les vicieufes affe- «
ctions, & par les vaines efperances. «
I'auois, Mes chers amis, affez de «
refolution pour me tirer d'vn feul «
coup des douleurs que ces playes me «
font fouffrir, ie pouuois cõme beau- «
coup d'autres aualer cette drogue «
fans la mafcher, mais pour choifir «
vn genre de mort qui me donnaft le «
loifir d'en goufter toutes les amertu- «
mes, i'ay voulu bruller à mon aife de «
ce feu qui Deifie, & qui fait peut- «
eftre des Heros à mefure qu'il de- «
ftruit des hommes. Dans ce rauiffe- «

« ment où mon ame est esleuee, elle
« n'entend les plaintes de mes sens tra-
« uaillez, que comme les redites d'vn
« Echo qui frappent l'oreille, mais ne
« touchent pas la raison, ou plustost
« comme vn vainqueur entend les ge-
« missements des captifs, parmy la
« ioye & les acclamations de son
« Triomphe: quelques cruelles que
« soient les douleurs que i'endure, elles
« ne me touchent non plus que si ie
« les souffrois dans vn corps emprun-
« té, & ie considere les ruines du mien
« de la mesme façon que Neron re-
« gardoit nagueres l'embrazement de
« Rome, en chantant celuy de Troye,
« & à trauers vne esmeraude, qui d'vn
« accident si funeste faisoit l'objet de
« son plaisir.

« C'est à vos douleurs seulement,
« Chere Pauline, que ie me trouue sen-
« sible, cette constance qui ne se laisse

" pas fleſchir à mes propres maux, ne
" ſçauroit m'empeſcher de compatir
" aux voſtres, l'on ne ceſſe pas d'eſtre
" hõme, lors que l'on deuient Philo-
" ſophe, & la vertu perfectionne la na-
" ture, mais elle ne l'a deſtruit pas. Il
" faut donner quelque choſe aux ho-
" neſtes affections, noſtre ſecte Stoi-
" que a des loix trop rigoureuſes pour
" en vſer à l'endroit des femmes, & la
" memoire d'vne Societé qui a ſi ver-
" tueuſement duré parmy nous me cõ-
" uie à relaſcher en cette occaſion de ſa
" ſeuerité, qui permet bien d'aſſiſter
" les ſouffrans, mais qui ne veut pas
" qu'on leur compatiſſe. Vous me fai-
" tes de la peine, Chere Pauline, quel-
" que genereuſe que vous ſoyez, vous
" m'eſtes vn objet de compaſſion, &
" peu s'en faut que ie ne me repente
" d'auoir approuué voſtre reſolution.
" Ce rude combat vous vend vn peu

« trop cherement la victoire, & les « maux qui menaçoient vostre vie ne « meritoiét pas d'estre éuitez par ceux « que ie vous voy souffrir, outre que « i'aprehende extrememẽt d'augmen- « ter vos angoisses par ma presence, & « que ce constant amour qui n'a ia- « mais souffert de diuision entre vous « & moy, ne vous surcharge encore « des peines que i'endure. Permettez « donc, Pauline, que pour nostre com- « mune satisfaction l'on vous tire d'i- « cy, afin d'acheuer ailleurs plus dou- « cement ce bel ouurage que vous « auez commencé, ie ne lairray pas « de mourir auec vous, & les lieux ne « sçauroient separer ceux qu'vn mes- « me Destin vnit si glorieusement, « Adieu, chere Pauline, ce depart me « touche iusques au cœur, vostre si- « lence me fait bien connoistre « qu'ayant perdu l'vsage de la voix vous ne tarderez pas à perdre celuy des autres ſentiments, & que vous eſtes à cette heure entre les bras de la liberté, bien que des eſclaues vous emportent.

Les Eſclaues emportent Pauline dans vn autre deſpartement.

Mais pendant que cet objet occupoit ma penſee, ie n'ay pas pris garde à moy, Mes chers amis, & n'ay pas apperceu que la nature viole toutes ſes loix pour m'empeſcher de mourir, le ſang ſe rebouche dans mes veines ouuertes, & ne coule pas lors qu'il deuroit innonder, il ſemble que i'y aye fait des appareils, pluſtoſt que des playes, & que les canaux que ie luy ouure ſoient des eſcluſes pour l'arreſter. D'où vient cette reſiſtance qui choque encore plus ma raiſon que la nature ? En quoy eſt-ce, Grand Dieu, que i'ay attiré ſur moy voſtre colere ? Par quels crimes ay-ie merité de vous vn

« traitemét si rude? suis-ie vne victime
« impure dont le sang vous desplai-
« se, & de qui vous reiettiez le sacrifi-
« ce? Mais de quelque œil rigoureux
« ou fauorable que vous me regar-
« diez, soit que ie merite vos foudres,
« ou que ie ne sois pas indigne de vos
« graces, vous ne deuez pas vous op-
« poser à ma mort, car si ie suis crimi-
« nel ie doy perdre la vie, & si ie suis
« innocent vous faites iniustement
« durer la rigueur de mes peines; Les
« mortels ne vous font pas souuent
« des prieres semblables à la mienne,
« & si leur religion charge ordinaire-
« ment vos Autels d'offrandes & de
« vœux, c'est pour éuiter ce que ie
« vous demande, si bien que vous ne
« deuez pas me refuser vne grace dont
« vous auez fait de si grandes espar-
« gnes, & que vous reseruez pour ces
« ames d'eslite qui vous sçauent de-

mander des faueurs plus conformes « à vostre goust, qu'à leur inclination, « & plus dignes de la main qui les ac- « corde que de celle qui les reçoit. « Peut-estre voulez vous m'apprendre, « Grand Dieu, combien nos estudes « sont vaines, & nos vertus imparfai- « tes, & que l'humaine condition est « suiette à des accidens pour qui la « plus deliee preuoyance n'a ny pre- « seruatifs ny remedes. Et en effet, Mes « chers amis, se peut-il rien voir de « bijarre comme l'estat où ie me voy « reduit? i'auois fortifié mon ame con- « tre les apprehensions de la mort, & « mesprisois esgalement ses coups & « ses menaces, mais la fortune s'est « mocquee de tous mes preparatifs, & « m'attaque auiourd'huy par vn en- « droit où ie ne croyois pas auoir be- « soin de defense, la vie qui est ordi- « nairement l'objet de nostre amour, «

« eſt maintenant celuy de ma crainte,
« i'apprehende la duree, ou les autres
« apprehendent la fin, & la Philoſo-
« phie ne m'offre aucun ſecours con-
« tre vn accident pour lequel elle n'a
« point de preceptes. I'auois regardé
« fixement & ſans peur ce funeſte vi-
« ſage de la mort, dont les hommes ne
« peuuent ſouffrir la peinture, mais ie
« ne ſçauois pas qu'elle fuſt vn objet
« de frayeur lors qu'elle tourne le dos,
« & que ſon eſloignement fut à crain-
« dre apres auoir meſpriſé ſes appro-
« ches. Ne vous mocqueriez vous pas
« d'vne preuoyance qui ſe prepareroit
« contre les neiges durant la Canicu-
« le, ou d'vne Philoſophie qui vous
« apprendroit l'vſage de la patience
« dans les proſperitez, & de la mode-
« ration dans les pertes ? vous voyez
« pourtant, Mes chers amis, qu'il
« m'arriue quelque choſe de ſembla-

ble, puis qu'apres que Neron a reso- «
lu & ordonné ma mort, alors que «
ie suis enuironné des Ministres de sa «
fureur, ayant le corps tout ouuert de «
playes, i'ay peur que Neron se repen- «
te, que ses Ministres luy soient infi- «
deles & desobeïssans, & que mes «
playes soient des liens qui retiennent «
ma vie, & des obstacles à ma liberté. «
Pendant que ie touche au port, ie «
crains l'orage des reuolutions hu- «
maines, & apprehende encore l'ex- «
trauagance & les bijarres contre- «
temps de la fortune qui reiette quel- «
quefois la pierre contre celuy qui l'a «
poussee; qui perce & guarit dans le «
corps vn abscez inconnu & incura- «
ble, lors qu'elle y enfonce l'espee «
d'vn ennemy; qui fait vn antidote «
d'vn poison redoublé, & se sert sou- «
uent des flots qui nous deuroient «
noyer, pour nous ietter sur le riuage. «

« Deliurez-moy donc, Mes chers
« amis, des apprehenſions qui me tra-
« uaillét, prenez part à la gloire de ma
« mort pour en reuerer encore plus
« volontiers la memoire; que ie re-
« çoiue de vos mains ce que ie ne puis
« obtenir des miennes, qui n'ont pas
« aſſez de vigueur pour chercher la vie
« en ſa ſource, en me pouſſant vn poi-
« gnard dans le ſein, & puis que le
« ſang que i'ay reſpandu me laiſſe aſ-
« ſez de force pour viure, & ne m'en
« laiſſe pas aſſez pour mourir, ne vaut-
« il pas mieux que mes plus chers amis
« me rendent ce bon office, que s'il
« faut que i'implore le ſecours des
« bourreaux de Neron, & que i'em-
« ploye des mains qui ſont encores
« ſanglantes du parricide d'Agrippi-
« ne. Voſtre affection eſt vn peu cruel-
« le ſi vous aimez mieux voir Seneque
« au combat qu'au triomphe, mais

elle ſeroit bien imparfaite, ſi vous «
vous contentiez de me ſouhaiter vn «
bien que vous me pouuez faire, & ſi «
au lieu du remede qui eſt en voſtre «
pouuoir, vous donniez ſeulement à «
mes maux des plaintes inutiles, vous «
m'aimez ie m'aſſeure trop genereu- «
ſement pour en eſtre deſtournez par «
le ſcrupule de toucher à la perſonne «
de voſtre amy, que vous ne deuriez «
pas eſpargner, quand meſmes il ſe- «
roit en voſtre pouuoir de le conſer- «
uer encores, puis que la neceſſité de «
mourir m'eſt pluſtoſt impoſee par la «
raiſon, que par la volonté des meſ- «
chans, & que la vertu m'y conuie «
pluſtoſt, que leur malice ne m'y for- «
ce. L'Amour vertueux eſt touſiours «
pere, bien que quelquefois il reſſem- «
ble à vn Tyran, quelque traittement «
qu'il faſſe, c'eſt touſiours le meſme «
mouuement qui le fait agir, & con- «

« tribuë aussi volontiers à la perte de
« son objet qu'à sa conseruation, lors
« que la raison l'ordonne de la sorte,
« les peres n'ont pas refusé pareils offi-
« ces à leurs enfans, ny les enfans à
« leurs peres, les femmes l'ont rendu à
« leurs maris, comme vn tesmoignage
« de leurs plus tendres affections, &
« vous en auez veu presentement l'e-
« xemple en la personne de Pauline:
« elle pour qui seule la vie m'estoit ai-
« mable, a receu de mes mains le poi-
« gnard qui peut-estre luy a desia rauy
« la sienne, & ie ne pense pas luy auoir
« iamais tesmoigné plus d'amour qu'à
« lors que ie luy ay conseillé de ne de-
« meurer plus au monde.

Egnatius Pere & fils durant le Triũ-virat se voyant poursuiuis prindrent chacũ vne espee, & se tuerẽt l'vn l'autre.

Arria & Cecinna petus du temps de l'Empereur Claudius firent quelque chose de venerable.

« I'apperçoy neantmoins, Mes
« chers amis, que c'est implorer en
« vain vostre assistance, que vous
« seriez plus prests à bãder mes playes,
« qu'à m'en faire de nouuelles, & qu'à

peine hasterez-vous vne mort, que « vos l'armes des-honorent en quel- « que façon. C'est doncques de vous « seul, CHER ANNEE, que ie puis at- « tendre la pratique de ces genereuses « maximes, vous auez pris tant de soin « à me conseruer vne santé qui deuoit « perir, mais sans estude & sans peine « vous m'en donnerez vne autre qui « ne sçauroit estre alterée ny par l'in- « temperie des humeurs, ny par les in- « jures du temps: les plus parfaites « guerisons que vostre art puisse pro- « curer aux hommes ne sont que des « relasches, mais le remede que vous « m'auez reserué par mon comman- « dement, pour ne laisser plus reuenir « les maux, en coupe les racines: Aussi « est-il fameux par les merueilles de « son operation, qui tira Socrate des « rigueurs d'vne dure prison ou ses « iniques Iuges l'auoient enfermé, il a «

Stace Annee, Medecin ordinaire de Seneque.

« souſtrait à leur injuſtice cette ſacrée « teſte qui meritoit des couronnes, & « qui a eſté le plus noble organe par « ou la vertu ait prononcé ſes oracles. « Ce remede fit ceſſer l'eſtrange ſpe- « ctacle, dont la ville d'Athenes fut « autrefois deshonorée, lors qu'elle « vid ce glorieux criminel ſur la ſel- « lette, & les plus infames coquins de « toute la terre aſſis au tribunal pour « deliberer de ſa vie. Apportez-moy « Année, cher ami, ce ſacré breuuage « qui merite mieux le nom d'vn Ne- « ctar, que d'vn poiſon, puis qu'il a « eſté le breuuage des Dieux, ce reme- « de infaillible contre l'outrageuſe « violence des mauuais Princes, & qui « n'eſt pas moins le fleau, que l'inſtru- « ment de leur tyrannie: vous pouuez « me rendre ce bon office ſans crainte « d'irriter Neron, car ie ſçay qu'il me « fait encore cette grace, que de me laiſſer

laiſſer le libre vſage des poiſons, & de tout ce qui peut ayder à la mort, la defenſe qu'il ma faitte de diſpoſer de mes biens ne s'eſtend pas juſques-là, & ie m'aſſeure qu'il me permettroit auſſi d'en gratifier mes amis s'ils vouloient s'en ſeruir à meſme deſſein. Ie ne ſçay ſi tous ces cauſeurs qui ont trouué à dire à mes richeſſes, ne ſe blaſmeront pas eux-meſmes ou de leur erreur, ou de leur malice, voyant que i'ay mieux pourueu à ma mort, qu'à ma vie, & que le poiſon que j'ay preparé fait l'vn des principaux articles de ma deſpenſe: Si leur haine ne me perſecute pas juſques dans le tombeau, ils auoueront que le Sage n'a iamais le cœur attaché, qu'il eſt pauure dans ſon abondance, & que celuy qui s'eſtime heureux maintenant qu'il n'a plus qu'vn verre de poiſon en ſa

« puissance, n'estoit pas beaucoup en-
« yuré de ses richesses. La fortune
« pourtant ne m'a pas mal partagé,
« puis qu'elle me traitte à l'esgal du
« plus grãd de tous les hommes, dont
« ce poison que tu me donnes, CHER
« ANNEE, m'a remis l'image dedans
« l'esprit : Ie suis rauy de voir & d'a-
« prendre, qu'il n'ait pas apporté plus
« de contention en sa mort, qu'en l'a-
« ction de sa vie la plus indifferente, &
« qu'il ne s'émeust non plus de l'in-
« justice de ses Iuges, que des cla-
« meurs ordinaires de sa femme. il ne
« regarda iamais dans les dangers
« comment il en sortiroit, mais seule-
« ment qu'il luy importoit fort peu
« d'y perir, ou d'en eschapper, & ne
« pouuant reigler les euenements, il
« ne s'est jamais amusé qu'à se reigler
« soy-mesme ; L'on sçait bien que s'il
« eust voulu se deffendre à la façon

Seneque prend des mains d'Annee la coupe pleine de poison.

ordinaire, & adjouster à son innocence les termes dont elle a souuent besoin d'estre secouruë, il auroit forcé ses Iuges, quelques meschans qu'ils fussent, à l'absoudre, mais il se contenta de parler à eux comme vn homme qui n'auoit à desirer de viure, que pour les empescher de commettre vne injustice en sa condamnation. Il ne craignoit ny la mort, ny la vie, & n'aymoit ny l'vne, ny l'autre, il pria ses Iuges de le faire nourrir au Prytanée apres auoir refusé les secours que ses amis luy offroient pour le tirer de prison, & laissant aller toutes choses dans leur train, il ne voulut ny mourir ny eschapper que par les voyes ordinaires.

Que cette vertu, Mes chers amis, est esleuée par dessus les plus sublimes! que nos efforts sont au des-

" ſous de ſes allures naturelles: l'on for-
" tifie nos reſolutions par vne infinité
" de preceptes & d'exemples pour
" nous aprendre à mourir, noſtre rai-
" ſon fait tous ſes efforts, s'empreſſe à
" bien ſortir de ce mauuais pas, & re-
" ſiſte aux tempeſtes entre le port & le
" naufrage: mais Socrate traitte auec
" la mort comme auec ſon tailleur,
" parle de mourir comme s'il parloit
" d'aller faire vne promenade ſur le
" quay de Pyrée, & va d'vn meſme
" train ſur le bord d'vn precipice que
" ſur le paué d'vne ruë: Toutefois, Mes
" chers amis, ce n'eſt pas eſtre petit, que
" d'eſtre au deſſous des geants, ſi ie ne
" puis atteindre Socrate ie le ſuiuray de
" veuë, ces grands exemples oſtent l'eſ-
" perance à meſure qu'ils font naiſtre
" le deſir de les imiter, & c'eſt bien aſ-
" ſez d'aller par vn chemin qu'il a
" frayé, & de ſuiure des traces qu'on

Pyrée, port de la ville d'Athenes.

doit adorer: Que si ma mort ne peut « auoir ces beautez interieures & ces « exquis ornemens qui embellissent la « sienne, elle en aura du moins les de- « hors & les apparences : ie braue ce « qu'il a mesprisé, sa vie a esté le joüet « de la corruption & de l'injustice, & « la mienne est le butin de l'ingratitu- « de & de la cruauté : & si ie ne l'imite « en autre chose, ce sera bien assez d'a- « uoir finy ma vie par le mesme poi- « son qui luy a rauy la sienne, car l'on « est assez paré pour si peu que l'on « ressemble à ces grands hommes, le « moindre de leurs rayons fait vn « Astre, & d'vn seul trait de leurs visa- « ges il se forme vne beauté parfaite. «

Aussi-tost que Seneque eut acheué de parler il auala le poison, ayant à peine eu assez de force pour le porter iusques à la bouche, ce fut pourtant sans effet, parce que la froideur de ses membres glacez par la perte d'vn peu de sang l'empescha d'aller iusques au cœur, Mais Année pour le tirer de toutes ces peines s'auisa de le faire entrer dans vne cuue pleine d'eau chaude pour faciliter la sortie du sang, en humectant les playes qu'il auoit faittes sur sa personne: & bien que Seneque apres auoir inutilement humé ce poison, commençast à se plaindre de ce que toutes choses s'opposoiét à sa mort, ayant cogneu neantmoins par quelques defaillances que sa vie tiroit vers la fin, il tesmoigna combien il estoit contét d'y estre arriué: Et apres auoir braué la mort, esleué son ame vers le Ciel, & inuoqué Dieu selon la portée de la foible connoissance qu'il en auoit, par des discours qui n'auoient rien de la foiblesse d'vn ...mme mourant, quoy qu'il ne parlast qu'à hoquets, & à reprises, il perdit enfin l'vsage de la voix, apres auoir prononcé ces dernieres paroles en entrant dans la cuue.

Ne direz-vous pas, Mes chers amis, que ie suis vn autre Promethee attaché à son supplice par des liens de diamant que le fer & le poison ne sçauroient briser ; que ma vie renaist dans mes playes, & mes forces dans les douleurs que ie souffre: Ce n'est pas pour exciter la compassion que ie vous parle de la sorte, ma mort merite des sentimens plus genereux, mais pour me plaindre de la nature, qui veut que pour moy seul le poison soit vn aliment, & les playes vn remede. N'est-ce pas chose bien estrange qu'vn amas de nuages capable d'obscurcir le Soleil, ne puisse cacher l'estoile de la nuit, qui n'est que la messagere des tenebres,

“ & que des efforts ſous leſquels les
“ plus vigoureuſes années auroient
“ ſuccombé, ne puiſſent venir à bout
“ d'vne caduque vieilleſſe qui n'auoit
“ plus qu'vn pas à faire pour rencon-
“ trer ſa fin.

“ Mais cependant que ie me plains
“ de cette mere commune, & que ie
“ l'accuſe de mes peines, elle ſe haſte
“ de me ſecourir, & la Nature porte les
“ mains ſur le fardeau qui m'accable
“ alors meſmes que i'offence ſa bonté
“ par mes reproches. Des petites de-
“ faillances m'apprennent que ſon ſe-
“ cours n'eſt pas loin, & que ie treuue-
“ ray dans vn bain la mort que les
“ poignards & les poiſons ne m'ont
“ ſceu donner.

“ Il faut de la proportion entre ce
“ qui agit & ce qui ſouffre, la trop
“ grande force empeſche l'operation
“ auſſi bien que la foibleſſe, & la mer

qui engloutit les flottes toutes entieres, ne sçauroit noyer vne busche; le fer & le venin estoient superflus à faire ce qu'vn peu d'eau & les petites vapeurs qu'elle enuoye, acheueront tout presentement, & il n'estoit pas besoin de m'arracher par violence vne vie qui tenoit à si peu de chose.

Elle se destruit peu à peu, Mes chers amis, Ie commence à vous perdre de veuë, & s'il m'en reste encor quelque vsage, ce n'est que pour voir dans vne idée confuse la terre qui se retire de moy, & comme les Mariniers la regardent lors qu'vn vent fauorable les esloigne du riuage. Les hommes me paroissent desia comme des fourmis, qui donnent des batailles pour vn grain de bled, & qui font tant de bruit & de vacarme, dans ce petit amas de pous-

Seneque cõmence à perdre l'vsage de la veuë.

« fiere & d'ordure que leur orgueil di-
« uise en tant de Prouinces.
« Dittes-moy, foibles mortels, qui
« ne recueillez que des tempestes, par-
« ce que vous ne semez que du vent,
« où sont les frayeurs qui vous enui-
« ronnent dans ce passage, apres auoir
« tyrannisé vostre vie? Pourquoy abu-
« sez-vous de nostre credulité par ces
« terreurs paniques, & que ne dom-
« ptez-vous du moins les monstres
« que vostre seule imagination a for-
« gez? Apprenez aujourd'huy que la
« mort est comme le centre, où les
« choses n'ont plus de pesanteur, &
« duquel les desirs & les craintes ne
« sçauroient vous esloigner sans tour-
« ment & sans violence; Si bien que
« ce n'est pas merueille de vous y voir
« trauaillez d'angoisses & d'horreurs,
« puis que vous portez ce qui me por-
« te, & que vostre ignorance fait vn

fardeau des choſes qui me ſoula- «
gent. D'vn port ſouhaitable apres la «
tempeſte, voſtre foibleſſe en fait vn «
eſcueil qu'elle s'efforce d'éuiter, & «
comme vous tournez le dos au lieu «
où il faut aller neceſſairement, vo- «
ſtre route ſe forme elle-meſme les «
orages, du vent le plus fauorable. «

Où ſont tes forces? terreur de l'v- «
niuers, Mort, qui te vantes de bri- «
ſer les Sceptres, & de marcher ſur les «
teſtes couronnées, deſploye-les har- «
diment, Seneque en vaut bien la «
peine, ce ne ſera pas peu de gloire «
pour toy d'auoir abbatu ſa conſtan- «
ce, & renuerſé l'ouurage de tant «
d'années: Ie t'ay aſſez mal traittée «
pour t'obliger à quelque reſſenti- «
ment, venge toy des meſpris dont «
i'ay rempli mes ouurages, & deſ- «
quels tu ne ſçaurois eſtre mieux re- «
parée, que ſi mes actions démen- «

" toient mes paroles en cette occa-
" ſion, & ſi ta preſence, toute horri-
" ble qu'elle eſt, me pouuoit faire chã-
" ger de langage. Mais ce n'eſt qu'aux
" petits enfans d'auoir peur de leur
" nourrice lors qu'elle ſe cache, ou de
" leur pere, lors qu'il a mis vn maſque
" ſur le viſage, tu as beau te couurir de
" tes plus noires déformitez, & de tou-
" tes les horreurs du tombeau: Ie ſçay
" que tu n'es pas ſi mauuaiſe, que la
" peur, quoy qu'elle ſoit la plus baſſe
" paſſion de nos ames a quelquefois
" fait litiere de tes menaces, & qu'il
" s'eſt trouué des hommes qui t'ont
" moins apprehendée qu'vn mauuais
" ſonge.

" A ce coup mon ame, belle & diui-
" uine lumiere, redoublez vos clartez
" en mourant, ou ſi vous eſtes reſeruée
" à vne vie meilleure, prenez vn eſſor
" digne de ce changement, eſleuez

vos penſees vers ces clartez eternel- «
les; & puis que vous verrez bien-toſt «
ſoubs vos pieds ces beaux aſtres qui «
roulent maintenant ſur nos teſtes, «
foulez dés à preſent la rebellion de «
mes ſens trauaillez qui ſe mutinent «
pour vous retenir, ce n'eſt pas eſtre «
aſſez genereuſe que de conſentir «
ſeulement à cette diuiſion, il faut «
qu'elle vous plaiſe malgré leur reſi- «
ſtance. «

Quittez, Grand Dieu, voſtre «
eternel ouurage pour regarder ſur la «
terre vn ſpectacle digne de voſtre «
curioſité, Seneque eſt aux priſes auec «
la mort, ce combat merite d'eſtre «
honoré de vos regards, & ie m'aſ- «
ſeure que ſi voſtre ſouueraine felici- «
té pouuoit eſtre capable de quelque «
ſouhait, ce ſeroit ſeulement à Sene- «
que mourant que vous porteriez «
enuie. «

« Du moins, Grand Dieu, verrez-
« vous plus volontiers ce combat, que
« les ſacrifices, dont ma mort ſera ſui-
« uie, & vos Autels prophanez: Et ce
« ſang eſpandu vous ſera ſans doute
« plus agreable que celuy des victi-
« mes que Neron vous offre en action
« de graces toutes les fois qu'il a fait
« perir quelque innocent, comme s'il
« vouloit vous rendre complice de ſes
« crimes.

« Adieu, Mes chers amis, Adieu,
« pour la derniere fois, ma vie ne fait
« plus que des fonctions languiſſan-
« tes à l'entour du cœur, où elle a raſ-
« ſemblé les cheriues reſtes de ſes for-
« ces.

« Ie me meurs, ie romps mes chaiſ-
« nes, ie touche à la liberté, ie l'em-
« braſſe, Tirans, Parricides, vous ne
« ſçauriez me l'arracher, il n'y a point
« de ſeruitude pour ceux qui ſçauent
mourir.

« Neron, Poppée, Tigillin, Corbeaux funestes, vous aymez la charoigne, receuez donc la mienne, toutes vos fureurs seruent de risée à vn foible mourant, ie les mesprise trop pour m'en plaindre, & n'ay de regret à cette heure que d'auoir sali ma bouche par ces noms infames.

« Craintes, esperances, ioyes, douleurs, hommages ordinaires que les mortels rendent à la fortune, vous ne m'auez iamais vaincu, mais à l'auenir vous ne sçauriez me combattre.

« Luxes, horreurs, crimes & coupables, vous n'offencerez plus mes yeux, ny ma raison.

« Mais, Grand Dieu, vostre bonté s'offence de mes peines, ie sens vostre main fauorable qui m'en retire, Neron ne m'a rien laissé pour vous offrir en action de graces que cette

« liqueur rougie de mon ſang : Rece-
« uez-la doncques.

« IE L'OFFRE A IVPITER LI-
« BERATEVR.

A ces mots Seneque jetta de l'eau ſanglante à ceux qui eſtoient les moins eſloignez de ſa cuue, & cette langue qui auoit inſtruit les Princes, & rauy les peuples ayant perdu l'vſage de la parole, il commença de ſouffrir les conuulſions d'vn mourãt: Pour le tirer bien-toſt de peine Annee le fit porter dans vn bain qui eſtoit à coſté de la ſalle, où les vapeurs l'eſtoufferent dés qu'il y fut entré. Mais Neron qui n'auoit aucune auerſion pour Pauline, & qui craignoit d'aigrir les courages de tant de perſonnes de condition à qui elle appartenoit, eſtant aduerty de ſa reſo-

resolution, & de l'estat auquel elle se trouuoit, enuoya promptement ordre aux Capitaines qui estoient dans la maison de Seneque, de luy bander ses playes & d'y faire des appareils pour l'empescher de mourir. Ce qui fust executé volōtiers par ses Esclaues, pendant que les Capitaines & les soldats l'exhortoienr à moderer sa douleur, & à ne perseuerer pas dans vne resolution si estrange: L'on ne sçait pas si l'amour de la vie luy fit souffrir doucement cette violence, ou si elle n'eust pas assez de force pour y resister: Tant y a qu'elle vesquit encore quelques années auec beaucoup de reputation, & porta tousiours vn visage si desfait & si pasle, qu'il faisoit bien voir qu'en perdant Seneque elle auoit perdu plus de la moitié de sa vie.

Eloge de Seneque.

AINSI MOVRVT SENEQVE apres

auoir esprouué l'vne & l'autre fortune auec vne esgale moderation, & vescu dans les charges sans faste & sans corruption; En exil sans ennuy; Dans les richesses sans luxe, & dans la Cour sans flatterie: L'ingratitude du siecle attaqua rudement sa vertu naissante, & celuy que Rome ne meritoit pas de posseder fust relegué en Corsegue, d'ou la necessité des affaires qui demandoient sa main le fit rappeler. Il fut honoré de la confiance d'vne grande Princesse, laquelle voulut apres ruïner son ouurage, & fit le premier pas vers sa perte dés qu'elle cõmença de s'esloigner de luy. Grand hõme d'Estat, en qui cette qualité auroit mieux paru s'il n'eust esté contraint d'accommoder sa conduite à son siecle, & aux humeurs de ceux qu'il ne pouuoit flechir. Fameux par l'amour des Princes qu'il ne rechercha pas, & par leur haine qu'il n'a iamais meritée, Heureux s'il eust peu éuiter l'vn & l'autre. Pendant que son authorité dura, les passions particulieres qui n'ont iamais plus de rage, que lors qu'elles ont moins de pretextes, l'attaquerent par des calomnies qu'il mesprisa, & qu'il ne combatit iamais que par l'integrité de sa vie. D'vne mauuaise matiere il auroit fait vn bel ouurage, & d'vn Monstre vn Miracle, si Neron luy eust tousiours esgalement deferé. Il mourut par son commandement, & celuy qui auoit regretté de sçauoir escrire en la condamnation d'vn voleur, prononça volontiers celle de son Precepteur innocent: De sorte que la posterité auroit peine de le croire autheur de ce crime, si pour le rendre croyable il n'eust commencé par le meurtre de sa propre Mere. Son siecle pleura sa mort, lors qu'il esperoit sa domination, a laquelle pourtant il n'a iamais aspiré luy-mesme: Ses ouurages nous apprennét assez combien il a esté amateur de la Sagesse, & aymé des Muses: L'vn & l'autre luy auroit mieux reüssi, s'il eust vsé auec plus de choix des richesses de son esprit, & de l'abondance de ses pensees. Sa memoire aussi bien que sa vie a eu des approbateurs & des enuieux: Cette lumiere qui a esclairé les Aigles, a esblouy des hiboux, qui n'ont pas consideré qu'au regne des meschants, c'est beaucoup faire que de garentir l'Autel en exposant la Victime, & d'empescher les desolations publiques par quelque dommage particulier. Mais ceux que sa glorieuse mort ne persuade, le haïssent par interest, plustost que par erreur, il n'est pas leur ami, parce qu'il ne l'est pas des vices, & il est fort mal-aysé de blasmer Seneque sans estimer Neron.

FIN.

ERRATA.

Page 60. ligne 8. ces ordres, lisez les ordres.

Page 78. à la marge, venerable, lisez semblable.

Page 79. ligne 19. sameux, lisez fameux.

Page 94. ligne 5. espandu, lisez respandu.

PRIVILEGE DV ROY.

LOVIS par la grace de Dieu Roy de France & de Nauarre, à nos amez & feaux Conseillers les gens tenans nos Cours de Parlement, Maistres des Requestes ordinaires de nostre Hostel, Baillifs, Seneschaux, Preuosts, leurs Lieutenans; & à tous autres nos Iusticiers, & Officiers qu'il appartiendra, salut. Nostre cher & bien amé *Iean Camusat* marchand Libraire Iuré de nostre bonne ville de Paris, nous a fait remonstrer, qu'il desireroit faire imprimer vn liure intitulé, *La Mort & les dernieres paroles de Seneque, composé par le sieur Mascaron Aduocat en nostre Parlement de Prouence*, s'il nous plaisoit de luy accorder nos Lettres sur ce necessaires, humblement requerant icelles: A CES CAVSES, Nous auons permis & permettons par ces presentes audit *Camusat*, d'imprimer ou faire imprimer, vendre & debiter en tous les lieux de nostre obeyssance ledit liure, en telles marges, en tels caracteres, & autant de fois que bon luy semblera durant l'espace de *cinq ans* entiers & accomplis, à compter du iour qu'il sera acheué d'imprimer, pour la premiere fois. Et faisons tres-expresses deffenses à toutes personnes de quelque qualité & condition qu'elles soient de l'imprimer, faire imprimer, vendre ny debiter durant ledit temps en aucun lieu de nostre obeissance, sans le consentement de l'exposant, sous pretexte d'augmentation, correction, changement de tiltre, fauces marques ou autrement, en quelque sorte & maniere que ce soit, à peine de quinze cents liures d'amende, payables sans deport; & nonobstāt oppositions ou appellations quelconques par chacū des contreuenans, & applicables vn tiers à Nous, vn tiers à l'Hostel-Dieu de nostre bonne ville de Paris, & l'autre tiers à l'exposant, de cōfiscation des exemplaires contrefaits, & de tous despens, dommages & interests: A condition qu'il sera mis deux exemplaires en blanc en nostre Bibliotheque publique, & vn en celle de nostre tres-cher & feal le sieur SEGVIER, Cheualier, Chancelier de France, auãt que de les exposer en vente, à peine de nullité des presentes: Du contenu desquelles nous vous mandons, que vous fassiez jouyr & vser plainement & paisiblement l'exposant, & tous ceux qui auront droict de luy, sans qu'il leur soit donné aucun trouble ny empeschemẽt. Voulons aussi qu'en mettant au commencement ou à la fin dudit liure vn extraict des presentes, elles soient tenuës pour deuëment signifiees, & que foy y soit adioustée, & aux copies collationnées par l'vn de nos amez & feaux Conseillers & Secretaires comme à l'original. Mandons au premier nostre Huissier ou Sergent sur ce requis, de faire pour l'execution des presentes tous exploits necessaires, sans demander autre permission: car tel est nostre plaisir, nonobstant clameur de haro, chartres normande, & autres lettres à ce contraires. Donné à Paris le trentiesme iour de iour de Decembre, l'an de grace mil six cents trente six. Et de nostre regne le vingt-septiesme.

Par le Roy en son Conseil,

CONRART.

Et sellé du grand seau de cire jaune.

Acheué d'imprimer pour la premiere fois le 16. Ianuier 1637.

www.ingramcontent.com/pod-product-compliance
Ingram Content Group UK Ltd.
Pitfield, Milton Keynes, MK11 3LW, UK
UKHW022109190726
13855UKWH00002B/734